亲 **子** 沟 通

ZI GOU TONG

刘翔平 主编

家校互动系列

北京师范大学出版集团
BEIJING NORMAL UNIVERSITY PUBLISHING GROUP
北京师范大学出版社

图书在版编目(CIP)数据

亲子沟通 / 刘翔平主编. —北京：北京师范大学出版社，
2016.12

ISBN 978-7-303-21012-1

Ⅰ. ①亲… Ⅱ. ①刘… Ⅲ. ①家庭教育 Ⅳ. ①G78

中国版本图书馆 CIP 数据核字(2016)第 172993 号

营 销 中 心 电 话　010-58802755　58800035
北师大出版社职业教育分社网　http：//zjfs.bnup.com
电 子 信 箱　zhijiao@bnupg.com

出版发行：北京师范大学出版社　www.bnup.com
　　　　　北京市海淀区新街口外大街 19 号
　　　　　邮政编码：100875
印　　刷：北京东方圣雅印刷有限公司
经　　销：全国新华书店
开　　本：787 mm×1092 mm　1/16
印　　张：7.75
字　　数：135 千字
版　　次：2016 年 12 月第 1 版
印　　次：2016 年 12 月第 1 次印刷
定　　价：18.00 元

策划编辑：周雪梅　　　　　责任编辑：齐 琳 乔 会
美术编辑：高 霞　　　　　装帧设计：高 霞
责任校对：陈 民　　　　　责任印制：陈 涛

序言 XUYAN

本书是《师生沟通》一书的姊妹篇。2013年，我承担了我院前院长许燕教授主持的国家科技支撑计划课题"基于学校—家庭一体化的纵向心理健康教育和心理疏导的应用示范研究"（课题编号2012BAI36B03），本人承担的子课题是家校一体化的干预部分，我们开始在不同的中学和小学对教师和家长进行了多轮的培训，我们的理念是1＋1的效果大于2。我们设计了针对家长和教师的内容协调一致的培训，相信同一时空中对教师和家长进行关系和沟通技能的训练，一定能帮助改变学生的心态，促进学生心理健康的发展。只改变教师或家长一方，效果远不如改变双方。

本书为这一干预的培训教材和成果。培训中我们感觉到了家长对改善亲子关系和沟通质量的渴望与重视，对教育孩子的重视。每次培训，家长座无虚席，不少家长提前来到教室，详细地做笔记，积极参加培训的实践与活动，参与角色扮演。其态度甚至比教师更加努力和积极。

通过培训，我们也发现了个别家长根深蒂固的表达习惯，与教师一样，家长大多特别不习惯表达对孩子的关注与陪伴，而更多地是把自己扮演成一个高高在上的成年人，或者一个全能全知的解决问题者来回应孩子。比如，某一个孩子对家长说："小刚又给我起外号了，我跟老师说，他不管，还说就我事多。"本来孩子表达的是关注与陪伴的需要，并不需要家长来帮助自己解决问题，只要家长理解并同情自己的处境就行了，可是，家长往往过度反应并迫切希望解决问题。家长常见的回答是："是吗？妈妈找老师去，这个老师太不负责任了。"或者说："孩子，没有关系，你也给他起一个外号不就行了。""起就起吧，反正也不是真的，他叫你猪，你也不是猪。只能说明他是一个野蛮人。"也有的家长回应说："真的吗？爸爸明天去学校找小刚，教训一下他。看他还敢不！""我这就给小刚家长打电话。都是他父母缺少教养。"这些占据主导的回应，不仅不能满足孩子的心理需要，而且严重妨碍了亲子关系与沟通的质量，使孩子感觉与父母疏远，觉得父母并没有理解和感应自己。难怪现代中国家庭中孩子经常回家后直接走进自己的房间，很少与父母沟通学校的事情。

面对这类的问题，父母应当如何回应？父母如何区分孩子沟通的动机？如何区分信息的类型？孩子表达的是求助的信息还是关系的信息？如何针对不同的心理需要进行不同的回应？如何划分沟通的类型和识别不良沟通方式？如何带着尊重与同情批评或表扬孩子？如何通过兼顾对方的方式解决冲突？这些问题在本书中都能找到答案。

作为技能的培训教材，本书以大量案例的方式来分析与介绍正确的沟通方法。透过这些技能，我们秉持的教育理念是尊重与共情孩子。教育孩子的最高境界是润物于无声。其实，孩子成长中最需要的往往不是解决问题的办法，因为办法无穷尽，没有最好，只有最适合。而且孩子自己体验和找到的办法才最为有效。孩子最需要的是家长陪伴和理解，是家长表达自己积极的爱和情感，是来自家长的心灵的安慰和支持。人们交往与相遇都是为了满足归属需要，如过去人见面问候"吃了吗？"是表达关心的需要，同样见面说"今天天气真好"也不是客观地描述今天的天气，是表达了寻找共同话题，进一步沟通的需要。说什么并不重要，重要的是表达自己对对方的善意和关心，表达自己积极的关系。

作为父母，如果能够把握这个主题，就会理解全书的精髓。我们也希望父母通过了解此书，改变自己交往的态度，以满足孩子的爱与自主这两个主要心理需要入手来重新审视自己与孩子的沟通。放弃自我中心，以孩子的需要为中心。

沟通的质量只有一个标准，即交往双方都感觉到愉悦和开心。交往的主要目的是避免孤独，有收获是第二位的。通过沟通与交往，双方都得到正能量，都感觉到了彼此的尊重与支持，满足了归属的需要。

本书是集体合作的成果，全书由本人构思、写出提纲并修改了全部书稿。第一章由本人撰写，第二章至第四章由袁金香和王晓莉撰写，第五章由孙治英撰写。

本书的许多材料来自前人的贡献，有些列入了参考书，有些可能没有提到，在此对前人的贡献表示感谢。

刘翔平
2016 年于北京师范大学

目　录

CONTENTS

第一章　孩子的心理健康取决于什么

孩子的心理问题主要反映了家庭中的亲子关系与沟通问题，而亲子关系与沟通问题又与父母的人格及其原生家庭环境有关。父母有了孩子后自然就成了一个生物学意义上的父母，但是，他们并不会自动成为社会学意义上的父母。父母并没有经过如何教育孩子的系统的培训和教育，他们只是从自己父母的教育经验和自己的为人处世中学习如何成为一个家长。从这个意义上讲，父母的人格和教育方法先于孩子的存在，孩子在出生之前就被决定了要与什么样的父母和什么样的家庭环境相遇。亲子关系和亲子沟通作为培养孩子心灵成长的土壤，对于孩子的心理健康具有重要的作用。

然而，不幸的是，并非所有父母都有幸成长于一个良好的、充满爱的原生家庭气氛中，父母也并不都是具有健全人格的人，并非都懂得如何爱孩子。作为父母的成年人如果在人格发展上不够成熟，往往会产生人际关系的问题，如同事关系的疏远、夫妻关系冲突或者亲子关系问题。作为孩子，不希望与焦虑的成年陪伴者（父母）相处，不愿意让冷漠的、自我中心的人做父母，更不愿意选择一个专制的父母。但是，总有一些不幸的孩子出生在这样的家庭中，对于他们来说，心灵的正常成长和心理健康成为一个曲折和艰难的过程，父母的爱简直就是一种奢求。这些孩子忍受着父母的病态教育方式和错误的沟通过程。更可悲的是，人格不健全的父母一般缺少反省意识，通常并不认为是自己的人格缺陷导致了亲子沟通的不愉快，反而抱怨孩子不听话、不争气，于是，整个家庭气氛变得阴暗，亲子或夫妻关系恶化。在这样的家庭中成长的孩子也非常容易具有人格缺陷。

除了父母的人格差异对亲子沟通的影响之外，亲子关系和家庭教育通常还是社会文化的缩影。所谓社会文化是指人们潜移默化的思想观念、认知方式和行为习惯。社会文化通过对人们行为的规范，甚至是沟通方式的影响深刻地塑造着人们，其中一个主要途径是通过家庭生活和亲子互动的方式来塑造人们。比如，传统文化重男轻女，在我国北方地区招待客人时，家庭中的妇女只能做饭，却没有上桌的资格。这种思想方式和行为习惯被一代代模仿和传承下来，很少受到质疑。虽然我国改革开放三十多年了，经济领域和社会文化已经发生了翻天覆地的变化，但是，亲子沟通与家庭教育领域仍然存在着许多传统的、不合时宜的观念和方法，严重影响了孩子心理健康的发展。具体表现为父母对孩子的专制态度、望子成龙的过高期望、通过给予而进行的操控等。

本书正是在这样两个背景上阐述亲子关系和沟通问题，但重点不在于分析其具体的原理和原因，而是给父母提供正确有效的、有利于孩子健康成长的沟通技术。语言本身不仅是文明，还是沟通的手段。父母对于孩子的影响主要是通过语言来实现的，改变了语言，教育的内容和方法就有了改变。笔者经常出差住宾馆，退房时，有的服务员说："先生，等一下，我们要查房，看有没有被毁坏的或缺失的物品。"听到这句话笔者感觉很不舒服，觉得没有被尊重和信任。而另一家宾馆的服务员却用另一种语言来表达同样的意思，她说："先生，我们按规定还要查房，请稍等一下，我们担心客人的手机或充电器落在房间中。"听了这样的话，笔者感觉温暖，被尊重。

在儿童青少年心理问题和家庭关系咨询过程中，我们发现，父母身上出现的最为常见的问题是缺少平等心、缺乏对孩子心理感受和心理需要的尊重与理解，即父母受传统文化中的影响，把孩子当作私有财产，压抑了孩子自主选择的权力、感受生活和独立判断的能力及寻求爱与尊重的基本心理需要。在亲子关系和沟通中不能充分尊重孩子的感受和体验，将主观的意愿和意志强加给孩子，这样不是培养了被动、自私的孩子，就是培养了逆反、不负责任的孩子。

第一节　你给予的是孩子最需要的吗

当代中国的父母付出很多但收益很少。一方面，他们把大量的精力和金钱投入到孩子身上，在"绝不让孩子输在起跑线上"的逻辑指导下，努力控制孩子的命运，惶恐地给孩子报各种课外班，不惜牺牲自己的业余生活，在严重妨碍个人生活质量的条件下，一切为了孩子，一切为了孩子的未来。另一方面，他们却收获不多，最多收获了一个听话的、被动的、不会犯错误的乖孩子，而有些人则刚好相反，收获了逆反的、不感恩、不孝顺的、网络成瘾的、大学毕业不工作啃老的、甚至打骂父母的孩子。父母经常抱怨，我们比父辈更加关爱孩子，给他们提供了更好的生活条件，为什么他们不像自己一样知道感恩和孝顺呢？这个问题的答案还得从孩子的感受说起。

只有在一个人有需要时，你的给予与满足才是有效的。如果没有需要，给予不具有满足的作用，反而令人生厌。还记得小时候吃饭的情形吧，如果你不想吃某种食物时，父母强行喂你，你的感受是什么？要么被动接受，要么挣扎反抗。无论哪种感受都是负面的。

心理学把人的需要分为两个不同的层次。第一个层次是生理的需要，所谓生理的需要是为了维系生命的延续而产生的基本需要，是生命存活必不可少的需要，这种需要如果得不到满足，个体就会生病甚至死亡。比如，人们对空气、食物、水或者住房的需要就属于这类需要。生理需要的目标是身体的健康与舒适。第二个层次是心理的需要，心理的需要也可称为精神的需要，是指一个人成为自我整合、自我接纳、内外统一、能够独立行动、发现生活的目标和意义的需要，心理需要的目标是心理成长和获得幸福感，即在心理上有活力。

根据美国心理学家德西（Deci）等人提出的自我决定理论，人们的基本心理需要主要有三个。第一个是自主的需要，即自由选择行为、选择想法和感受的需要。每个人都有自由选择的需要，如果自己的想法、感受和行为总是被他人强迫，心理就会忍受极大的痛苦。第二个是能力的需要，当个体吃饱了觉得环境安全之后，就会产生探索环境、实现某一能力的需要，如堆沙人、制造小玩意、做手工等。能力的需要也被称为掌控感，体现了个体实现自己潜能的需要。如果孩子做事情经常失败，就无法产生能力需要的满足，他会产生习得性无助与悲观的态度，遇到挑战就易逃避。第三个是联结的需要，即被爱、被理解、被倾听和被尊重的需要，也可以称为交往的需要。孩子不喜欢孤独的感觉，希望加入某一团体或者有大人陪伴，这种陪伴不仅能满足安全感，而且也是成长与学习的重要途径。如果孩子联结的需要得不到满足，就会感到孤独与疏离，感受到被社会团体或他人排斥，认为无人理解自己，不仅情绪低落，而且缺少活力。如果一个人在上述三个基本的心理需要上均得不到满足，他也许不会生病或死亡，但是精神上一定是不健康的，即无活力的和不幸福的。心理需要整体不满足的常见后果是情绪低落，严重表现则为抑郁症。抑郁症的典型特点是缺少基本活力和兴趣，是心灵的枯萎。

毋庸置疑，当代父母在有效满足孩子的生理需要方面一般是不存在问题的。

改革开放以来，人们的收入比三十多年前增加了数十倍甚至上百倍，物质生活极大丰富。如果你去大商场就不难发现，有关儿童的消费品应有尽有，从服装到各类玩具，凡是人们能想到的，就有人生产。如今，很多家中只有一个孩子，孩子成为全家的中心，经常是六个成年人陪伴一个孩子。孩子的衣食住行等物质需要都已经得到了充分的满足，甚至是过度的满足。

然而，孩子幸福吗？自由吗？满足了自主、能力和联结的需要吗？笔者的一个朋友，家境富裕，孩子的母亲在银行工作，父亲是公务员，爷爷、奶奶和姥爷、姥姥都退休在家，有不菲的退休金。孩子的物质生活真是极大丰富，可以说是应有尽有，家中的玩具令人眼花缭乱。但是自从孩子上学后就变得不幸福了，经常发脾气、哭闹，原因就是被安排得太多了。家长害怕孩子输在起跑线上，给孩子报了各种课外班，如钢琴、游泳、轮滑、歌唱、英语、奥数，孩子成了一个被安排的机器，有时哭着喊："我累了，不想去了。"可奶奶仍然逼着他去学，有一天因为被逼迫写作业，孩子急了，对奶奶大喊一声："你死去吧！"其实，孩子虽然得到了丰富的物质，但他需要的并不只是这些，他更需要的是心理需要的满足。首先，他是不自由的，缺乏按照自己意愿行动的能力和自由，他不能自由地选择自己的兴趣和爱好，不能放松地按照自己的感受来体验生命，不能去发现自己生命的意义，生活犹如钟表一样机械地度过，没有任何精彩之处。其次，他的感受是没有被理解和被尊重的。他不知道为什么要学这么多东西，真实的感受无人理睬和重视，几乎从来没有人倾听他的心声，所以心灵是孤独的。最后，他没有得到真正的爱。堆成山的食品和书籍，但这些不是真正的爱。真爱是来自家长的关心、理解的语言和态度，体现在亲子的互动和游戏中，体现在以孩子兴趣和爱好为中心的关注中，真爱的标准在孩子的心目中，而不是父母的心目中。从孩子的眼神和表情中，父母可以看出孩子心理的需要是否得到了满足。

第二节　父母的不良沟通是如何伤害孩子心灵的

伤害可以分为身体伤害和心灵伤害，当代父母很少伤害孩子的身体，但对孩子心灵的伤害却无时不有。心理伤害是无形的，其主要表现形式是违背孩子的意愿。孩子非常敏感，任何心灵伤害都能感受到，但时常无法表达，更无法反抗，因为他们是弱者，是无权力者。

孩子心灵的一个基本需要是意愿不被侵犯，想法不被强制，感受不被强迫。从这个方面来讲，最为重要的是父母的态度。对于孩子的成长来说，行为限制是必需的，但心理上的敌意和攻击是绝对要禁止的。父母要知道，有时行为上的限制并没有什么严重的后果。比如，孩子想要一个玩具，家长没有买，或者想吃一种食物，家长不提供，这时并没有造成心灵伤害。只要孩子没有感受到家长的恶意与敌意，心灵就是安全的。

孩子的心灵不受伤害的底线是不被野蛮闯入。被人强行闯入的心理感受是创伤性的。例如，有一个初中生每天都记日记，有一天母亲怀疑她早恋，就破门而入，不仅撬开了女儿的书桌，而且把日记上的小锁也撬开了，女儿回家后十分委屈，觉得非常羞耻。

每个人都有保护自己自尊和隐私的心理界限，这个心理界限不像人际物理界限那样容易衡量。比如，最亲密距离是一个人与最亲近的人相处的距离，为0～45厘米，较亲密距离为46～61厘米，人的社交距离，如领导与下属关系的距离为122～213厘米。心理距离主要是感觉到被尊重与被理解，被爱但又不被控制与限制。确切地说，心理距离就是人人平等。

一般来说，越是亲密的人越易越界，说话越随便，不考虑那么多，而陌生人之间反而不容易越界。亲子关系中非常容易超过心理界限，尤其是中国文化中，家长往往具有无上的权力，家庭关系中缺少人人平等的观念，对孩子个人选择缺乏尊重。

亲子关系不良的家长一般采取控制的方法来教育孩子，即把自己的意愿强加给孩子。无论是焦虑型还是偏执型或溺爱型的家长，都在不同程度地进行着控制。控制有许多表现形式，但无论哪种，对孩子的成长都是有害的。

一、　硬控制

硬控制的特点是使他人顺从自己的意愿，用自己的想法代替他人的想法，把他人当作手段与工具。硬控制是利用自己的地位优势、资源优势或者权力优势来影响对方，包括批评、教育、命令、惩罚、限制人身自由。其语言方式是命令式的，如"你给我回来，不许出去""觉得难也得写，你是学生，你必须写作业""我说不能买就不能买，这个家我说了算""等你自己挣钱了，我才不管你呢，现在，就得听我的"。

应当指出的是，硬控制在教育中是必不可少的。因为孩子的心智不成熟，经常出现违背行为规范、不礼貌、攻击别人或冲动等行为，其行为确实经常需要成年人来管理，关键是父母要分场合，合理地使用硬控制。在以下情况下父母应使用硬控制：①当孩子行为有危险的时候，如孩子去阳台攀爬、玩打火机、打弹弓乱射；②孩子的行为明显打扰别人的时候，如家庭聚会时对人不礼貌，出口伤人；③行为举止违反行为规范时，如不按时完成作业、言而无信、说谎、拿别人东西。

父母使用硬控制时，一定要注意针对行为而不是针对感受。比如，孩子该睡觉时不睡觉，你只需要说："该是睡觉时间了，过五分钟我来关灯。"而不用说："你总是不能按时睡觉，总给大人制造麻烦。自制力就那么差，这点事情还要大人天天说你？"

家庭教育与学校教育一样，硬控制的使用越少越好。因为硬控制造成的感觉是孩子不喜欢的，孩子要违背心愿，服从命令，谁都不喜欢被控制的感觉。然而，硬控制直接有效，是家长最喜欢用的。

二、 软控制

软控制的目的与硬控制一样，是为了控制孩子的行为，使之符合父母的要求，或者是一般的行为准则。但是，软控制与硬控制的方法有所不同，硬控制的方法是利用孩子的顺从，而软控制则是利用孩子的内疚感和负罪感，软控制比硬控制更加尊重孩子的自尊和权力，从根本上还是以父母的意愿为中心，包括讨好、利诱和要挟。

软控制的沟通举例："妈妈可以给你买手机，但条件是你的考试成绩进入前三名""如果你再去网吧，妈妈就死给你看""你要是考试进入前三名，妈妈在单位可就有面子了"。孩子吃辣椒辣着了，妈妈说："不辣，不辣，这点辣算什么。"孩子明天打预防针，出现害怕情绪，爸爸说："不怕，不怕，男子汉大丈夫这点疼算什么。"

软控制使孩子感觉自己很无能、很可耻、很尴尬，会使孩子产生内在的贬低自我的消极情绪。

总体上软控制比硬控制给孩子造成的伤害更少，也表明了父母顾及了孩子的自尊，但是，这仍然不利于孩子的自我成长，使孩子在围绕着家长的意图中成长，不利于孩子自主性和创造性的发展。

三、比较

父母对孩子的表现进行人际比较，也是一种控制。父母可能会认为，不比较怎么知道孩子的优点，再者，父母可以不比，但学校要排名，要评比啊，老师给家长压力。

比较是成长中不可回避的问题，有人群的地方就有比较。但是，比较有两个方面的含义。第一种是客观的结果比较，这种比较只是对客观结果的反馈，仅仅是知道行为表现的结果而已，不构成对自尊的伤害。比如，孩子看到了自己的英语成绩为全班倒数第5名，如果他心理健康，就会对自己说："这次考试成绩实在是太差了，说明英语方面我与其他同学有差距，我下个学期要更加努力呢。"第二种则是自我卷入的、涉及自尊的比较，是有关自我定义的比较。这种比较形成了内心的羞耻感和卑劣感，不如别人成绩好，在别人面前抬不起头来。这种比较是后天家长不良教育的结果。

心理不健康的家长经常利用孩子的自尊来控制孩子，如"你这次考了个第20名，太丢人现眼了""你虽然很努力，但成绩总是比不过别人，我怀疑你的努力都没到点上""你作文得第一名，同学们会崇拜你的""你看张阿姨家的儿子多出息，考上某某实验中学，你看你自己，同样都是一个班的，你就这么弱吗"。

人人都不喜欢被人过低评价的感觉。评价的前提是被评价对象缺少自知之明，但是，一般孩子最不缺少的就是自知之明，而是能力或努力。孩子都不希望落后，只要提供反馈，不要着重评价，孩子一定会自我提升。用评价和比较来逼孩子进步，会培养孩子的虚荣心，使孩子为了荣誉而努力，如果有一天孩子表现不如他人，就会形成抑郁。

第三节　被强迫的心灵是如何扭曲的

父母首先要了解的是心理需要满足的根本特点。心理需要的满足与生理需要的满足具有不同的特点，生理需要具有重复性和封闭性。比如，饥饿导致觅食，而需要满足，即吃饱后休息、玩乐，但经过一段时间，食物消化后身体又会感觉饥饿，于是又去外出觅食，因此多数动物的生活是单调和封闭的，只在固定的区域内活动。确切地说，只知道满足物质生活的人生活方式多少都有些单调。比如，一个只知填饱肚子的人必须重复地做同样的工作，经常吃同一种食物，活着是为了填饱肚子，其他需要很少产生和满足。

心理需要与生理需要的最大不同是实现性和开放性，其本质上是为了实现一个过程，具有开放性和创造性。它通常是完成一个从未完成的、挑战极限的事情。比如，小孩子经常在熟悉的范围内玩耍就会厌倦，会尝试去新地方玩，经常玩同一类玩具就会失去兴趣，要换一种玩具或改变玩法。成年人也是如此，他们尝试走过不同的旅游地，攀登更高的山峰，看不同风格的小说和电影。

心理需要的开放性和创造性，以自主性和自发性为基础。没有人告诉你要如何突破自己，没有人告诉你如何实现自己的潜能，没有人替你走自己的人生之路，更没有人会告诉你如何定义人生的精彩，这些都是个体的探索过程。

心理的开放性和创造性还以勇气为基础。实现自己的潜能、完成一件新事物，是一个冒险的历程，因为前方的路只属于你一个人，没有与你一样的人走过，具有冒险性和赌博性。比如，孩子的心愿是唱歌，希望走自己独特的人生之路，但父母是技术人员，从不知道唱歌属于什么职业，缺少安全感的家长会阻止孩子的想法，可能会迫使孩子进入大学学习金融或工程专业，认为这才是人生正道。一个受压抑屈服的孩子可能会出于孝心选择读大学，但若干年后由于心智成熟或独立生活，孩子终于认识到自己原本的需要。

心理学研究发现，心理需要不如生理需要强大，它不是本能，很容易受到压抑。为什么人格障碍的患者如此多，就是与这些基本的心理需要受到压抑有关。因此，父母要精心呵护孩子的创造性和开放性，珍惜孩子身上这种原发性的勇气和精神。心理健康的孩子无一例外都是有主见和独立意志的人，他们心智成熟、人格健康，知道什么是自己真正想要的目标，并会努力去实现它们。

那么意愿受到强迫为什么对孩子有如此大的影响呢？

第一，它使孩子被动、无主见。父母都希望自己的孩子听话，按照自己的意图做事情，但是如果孩子真变成了一个乖孩子，后果是什么呢？有可能难以适应成年人的竞争社会。这样的孩子只会服从指令，他们的生活围绕着大人的意图和命令，在指令下能完成任务，中小学时能够按时完成作业，成绩不错，但到了成年就会不适应。比如，有些好学生，进入研究生阶段的学习就不适应，因为研究生从课题的选题、设计、实施都要独立完成，而且要求有一定创造性，不是靠某种固定的标准来要求自己，这些学生面对独立解决问题感到很焦虑，他们缺乏独立完成创造性任务的经验，习惯依赖别人的指令，所以效率低下，难以适应。再如，有些乖孩子在重大的事情上没有主见，最典型的是填报大学志愿，家长根本不了解孩子除了学习之外的特长和爱好，于是与孩子商量如何选择志愿，孩子更是一脸的茫然，竟然说出一句令人吃惊的话："你看着办吧，随便，学什么都行。"笔者是大学教师，新生报到时，经常看见这样的场景，父母两人大包小裹地拎着行李在前面走，而孩子两手空空茫然地在后面跟着，问路都是由大人来完成，走进学校好像与孩子无关，孩子像一个局外人。

第二，心里委屈。所谓乖孩子内心真的那么乖吗？当孩子的本真意愿受到父母压制，此时孩子的主观情绪是委屈。委屈的人可能掩饰自己，明明内心的感觉是悲伤，结果表现于外的却是微笑；明明内心的真实感觉是愤怒，可表现的是谦让。受到委屈的孩子会被两种相反的力量撕裂，变得被动冷漠。比如，小明与父母去百货商场，他站在玩具的柜台边上目不转睛地盯着一辆小火车，他的父亲看出了他的心思，但父亲是一个人格不健全的人，想到自己辛苦打工挣钱不易，而且孩子也有了许多玩具，就有些恼火，对孩子说："你都六岁了，还这么不明白事，看什么看，就是不能买！"说完拽着小明就走。小明感觉很委屈，他这个年龄不能理解父亲为什么发这么大的脾气，更不知道父亲说这些难听的话可能与他的经历有关，而是觉得自己是一个不好的孩子，总给父母添麻烦，不懂事，或者发自内心地认为自己不应盯着这个玩具看。

如果孩子的意愿经常性地受到压抑，那后果就更加严重，孩子会内化父母的要求，形成自我压抑的心理机制，即如果出现一个想法或意愿，就否定自我。例如，孩子想出去玩，就会对自己说不能去，这样会受到惩罚；喜欢某一个人也会对自己说，不能与交往，万一遇到坏人怎么办。孩子会自己局限自己，不让自己探索新的事物，长大后性格会格外保守，养成听天由命的习惯，缺少勇闯的精神。

经常受到心理压抑的孩子会形成对父母的被动反抗，即不敢明着争论却背地里报复父母。例如，有一个军人，对孩子要求格外严格，奶奶也支持父亲，不关心孩子的情感和感受，只是配合学校教师约束孩子。孩子成绩中上，但患有 ADHD（注意力缺乏多动障碍），行为冲动，偶尔不完成作业，其实也不是有意不做，就是贪玩忘记了。父亲和奶奶为此经常惩罚孩子。父亲对孩子说："我是一个营长，一个营的战士都被我管得服服的，我就不信管不了你。"孩子开始暗地反击，经常会把教师留的作业有意无意地弄丢，甚至有时考试时明明会做的题也不好好做。心理老师找他谈话，他终于说出了心里话："我有时故意表现不好，就是想让爸爸奶奶生气，看到他们生气的样子，看到他们那张因生气而扭曲的脸，我感到很高兴。我知道表面上我输了，但实际上我赢了。"

当父母强迫孩子做不愿意做的事情时，孩子不敢反抗，当面服从，但是内心产生的真实情绪是愤怒或委屈。孩子会觉得自己做的事一定是无价值的，令人讨厌的，然而，当父母不在场时，当有机会真正成为自己时，孩子就会听从自己的内心，不去做父母安排的事情。有一个孩子，父亲逼迫他学习汉字，但态度生硬，使他非常恐惧，于是，学过的书本都被他当作柴火烧了。有一天，父亲又想教他学习汉字，想复习一下过去的书本，孩子说，我以为学过的没用了，就给烧了。孩子潜意识中仇恨这样的学习。其实，多数厌学都是可以避免的，只要父母改变了说话的态度，由命令变成理解和尊重，孩子的对立情绪就会消失，消极情绪就会减少。俗话说，心气顺了就好办事，所以，自觉的孩子不是教训出来的。

相反，培养自觉成熟孩子的家庭并没有那么复杂的教养方式和刻意学来的教育方法，只是夫妻恩爱、相互尊重，同时，他们也深爱着并尊重自己的孩子，他们善于倾听、善于分享，能够走进孩子的内心世界。这并不意味着亲子之间永远没有争吵与分歧，而是一切事情都在相互尊重与理解的气氛中发生，家庭中的成员尽管不会一直都有好心情，但至少每个人都不会感觉到委屈和压抑，每个人都能自由地表达自己的真实感受，自由地发表自己的观点，每个人都是平等的，主观感觉上都是安全和开放的，每一天都不是在恐惧中生活，而是自然放松地生活。这种自由安全而放松的简单家庭气氛，对于不健康的家庭成员来说，竟然是奢求。

第三，受到压制孩子也可能产生逆反。逆反是一种素质，与人的遗传有关。一些孩子具有逆反素质，对于来自父母的权威与压制不会采取压抑的方式来应对，而是选择直接反抗。这些孩子是勇敢的、高自尊的、不易失去自我的，不会认同父母的批评，但是，逆反也是有代价的。逆反作为内心的认知核心判断是不公正感，其消极情绪反应是愤怒。如果经常与父母发生冲突，生活在逆反的认知和情绪中，孩子就难以形成对事物客观的、正确的判断，因逆反情绪而产生认知偏差，不利于形成道德感和是非观。

有些孩子患上了网络成瘾综合征，某种程度上也与逆反有关。在发达国家是没有网络成瘾综合征的，人们都玩网络游戏，成绩好的学生也爱玩，但并不会耽误学习，大学生也玩网络游戏，但很少因为玩游戏而休学。

逆反如何助推了网络成瘾？中国家长一旦发现孩子因为玩游戏而稍稍影响

了学习成绩后，通常会过度反应，焦虑万分，采取过激的手段来杜绝孩子接触网络游戏，如断网线、不给零花钱等。这样做的后果一方面使孩子不能适应突然不玩的状态，另一方面严重损害了亲子关系。亲子关系损害的后果尤其严重，本来制约孩子最好的手段就是亲情，只要孩子能顾及父母的感受，感觉到父母虽然不满，但还是能尊重自己的想法和感受，他就会形成自律，但是如果父母情绪反应过度，以激烈的手段来阻止孩子玩网络游戏，孩子会拒绝从父母的角度思考问题。一旦产生逆反，导致孩子痛恨父母，网络游戏沉迷就会更加严重。咨询中，一个网络成瘾的孩子对笔者说："有一次我离家出走去网吧玩了一个通宵，本来觉得网络游戏已经没什么意思了，玩不出什么新花样，我坐公共汽车往家走，可快走到家门口了，我突然产生一种说不出来的感受，我可能是想到了父母那张不屑的脸吧，我扭头就又回到网吧，其实我玩的时候是麻木的，没有什么快感。"笔者说："是啊，就是这样麻木地玩着，也比回家看那些难看的脸好受。"有时，孩子并没有那样渴望游戏世界，而是现实世界太无情，现实的人际关系太冷漠，无人理解和关爱自己，只有通过网络游戏来逃避现实了。

然而如何解释国外留学生的网络游戏成瘾呢？在国外，没有父母的约束，为什么留学生仍然会网络游戏成瘾呢？首先，要承认网络游戏成瘾的原因是多方面的；其次，必须承认的是这与自控力的成熟度有关。如果一个人经常被家长管束着才肯学习，是不易适应国外大学生活的。大学生更需要主动、自觉地安排自己的作息。一个独立生活能力强的，有意志力控制自己生活的人才会将学习和玩乐安排得有张有弛，而一个学习目标不明确的人，在家主要靠家长的督促才能勉强控制自己的人，他已经习惯了外部控制，一旦来到了无人督促、强调自由学习的国外大学，他就会失去自控力，就可能沉迷于网络游戏。其实不仅是留学生，即使是国内大学中每年都有大一新生因为沉溺网络游戏而辍学。中小学时期成绩优异的学生，也有个别上了大学后因沉溺于网络游戏而休学的。更有趣的是发生过这样的案例，因沉溺于网络游戏而退学的大学生，复读时努力认真又考上了大学，但读大学后又因为沉溺游戏而休学。

第四，父母的强制会形成孩子的虚荣心，即人生只为争第一活着，过于重视成就需要而忽视了人际需要的满足。以追求虚荣心为人生价值观的孩子看上去乖巧，尤其是学习或工作上格外努力，但是由于过于重视外在成绩，产生了各个方面的心理问题。这种孩子只为争第一活着，如果是得了第二名则情绪低落，即产生所谓完美主义的人格。遇到竞争的机会他们会格外紧张，既想争第一又害怕落后，所以每天的生活都是在紧张与焦虑中度过的。深入分析起来，这种孩子的成长过程有一个普遍的规律，即没有真正的自我，小时候就非常听话，从不反抗，总认为大人的话永远正确，自己的主见是无足轻重的。他们很早就放弃了自己的权力，甘心让大人摆布。更为严重的心理后果是，他们内化了大人的指令，把大人对他们的要求，当作自己真正的要求，所以以牺牲人际关系为代价追求荣誉和名利，在他们的动机中，只有争第一是主要的，其他都是微不足道的。

第四节　良好亲子关系和沟通的五个原则

无论经济地位、教育条件和生活环境如何，父母都需要把握如下原则，这样才能培养人格健康的孩子。

一、 尊重与理解

孩子最主要的心理需要就是拥有一个真正属于自己的、自由的、安全的心灵世界，一个真正属于自己的、不被打扰的隐私空间。在这个领域中，孩子是自主的、安全的，是自己真正的主人。家长如何满足这一需要呢？那就是尊重与理解。

共情是对孩子的想法和情绪感同身受的过程，即完全理解和体验孩子的感受，从孩子的立场出发，换位思考，把自己变成孩子那样的人。共情要准确，不能想当然地以自我为中心去猜测孩子的内心，而是彻底摆脱自我中心，深入孩子的内心世界。共情的标准不以家长的判断为准，而是以孩子的判断为准，只有当孩子感觉到被理解和共情了，才会产生积极的效果。本书的大量内容会介绍这样的沟通技巧。

倾听是指愿意倾听孩子的表达，既包括听的愿意，也包括听的技巧。孩子有表达自己心愿和行为的需要，要想真正成为表里如一的自我，表达内心的心愿是非常重要的，但是，心理不健康的父母往往是自我中心的，他们不善于倾听孩子，因为他们觉得孩子的表达是幼稚的，是没有什么价值的，父母往往要求孩子理解和体谅自己，却不想理解孩子。

尊重孩子的基本权力，这是指与孩子平等相处的态度和能力。家长要看到孩子虽然幼小，但是也是与自己一样具有同等权力和尊严的主体，他们有自己的爱好、心愿、梦想、个性和习惯，是独立的生命个体。他们的行为和想法也许与自己的不同，甚至完全相反，但是他们有权力这样想和这样做，本质上只有孩子自己才能为自己的行为负责。

二、　支持与保护

父母要承担保护和支持孩子的义务，而不是由孩子来保护父母。

一位名牌大学的研究生来做心理咨询，向笔者讲述了这样一个童年发生的事情。他买的玩具被邻居小伙伴抢走了，因此与之发生身体冲突，双方都哭了。他找到对方的父母说理，没想到他们护着自己的孩子，于是，情急之下他向父亲求助，没想到父亲不由分说竟然冲自己发怒，指责自己不会谦让，狠狠地惩罚了自己。因此，孩子的心灵受到严重的创伤。

父母要承担起保护孩子的义务，孩子缺少安全感，会经常面临各种危机，父母的一个首要责任不是面子与道德，而是对孩子进行保护，让孩子具有安全感。保护不是溺爱，而是心灵的支持和情感的呵护。对于小孩子来说，道理与是非并不是最重要的，重要的是来自父母的安慰和保护。

三、　分享

父母不仅要以孩子为中心，还要以自己为中心，与孩子分享有益的经验，引领孩子从事有意义的事情，提供示范与样板。孩子不仅需要被理解与尊重，还需要被引导，去学习和体验充满正能量的事情。家长要帮助孩子展开无限的机会，多参与和引领孩子从事双方都感兴趣的活动，使孩子从中选择和了解自己的爱好与价值观。

心理健康的孩子诉说，父母或爷爷奶奶经常给自己讲童年的故事，真诚地讲述人生的经历和感悟，他们从中得到了人生经验的延续和安全感，有助于形成连续感。

四、　前后一致

对孩子健康的心理成长说，危害最大的就是父母言行的不一致。比如，父母要求你省吃俭用，给别人花钱非常吝啬，而背地里自己却尽情享受与消费；要求孩子待人谦让，却对家人苛刻与诘难。

前后不一致，往往导致孩子缺少心理的内聚力，价值观混乱，缺少自我认同能力，情绪不稳定，异常脆弱。

五、 无条件的爱

无条件的爱是指父母的爱不附加任何条件，无论孩子发生了什么，无论孩子身在何处，都会一如既往地爱着孩子。

父母都承认自己爱孩子，但更多的是有条件的，需要孩子达到世俗或自己的期望标准。比如，孩子学习成绩好，在学校受到表扬，孩子将来有出息，事业成功，孩子孝顺等，才能得到父母的爱。如果孩子达不到这样的标准，如成绩落后、老师告状、下岗待业，甚至违法犯罪等，就得不到父母的爱。其实，无论孩子如何，他们都需要父母的爱。

第五节　什么类型人格的父母易产生沟通困难

与理解、共情、尊重、接纳、倾听等与爱有关的教养方式相反的是控制与冷漠。心理咨询专家武志红在《为何家会伤人》一书中曾指出，父母有三种，第一种，你无论做什么，都批评你；第二种，你无论做什么，都忽视你；第三种，你无论做什么，都鼓励你。这三种类型划分看上去有些偏激，但有一定的道理。因为父母的人格和教养风格往往是一致的。

两种人格类型的父母容易产生亲子沟通的困难。

第一种是焦虑的父母。父母的焦虑既可能来自遗传，也可能与他们自身的后天受教育方式有关。在此，论述焦虑的原因不是本书的主旨。关键的问题，我们要分析父母的焦虑如何影响亲子沟通与关系。

首先，焦虑使家长放大孩子的缺点，整日批评与责备孩子，令孩子自卑。焦虑情绪与积极情绪有一个相反的特点，就是使人变得思维狭隘，只盯着局部而忽视了整体。

焦虑主要是面对现实的危险和威胁而产生的一种负性情绪，它有着适应意义，使人们调动身体能量去应对危险。但是，这样做也有代价，就是使人只盯着问题本身，缺少思维的灵活性和宽阔性。比如，一个恐惧的猫遇到生人，就开始警觉，如果此人走近，它就会目不转睛地看着生人，无暇顾及其他的事物，直至你走得更近，它开始逃走。焦虑中对于灾难或危险的优先关注对于保命是有着重要意义的，但是，如果父母过于焦虑，就会夸大生活的危险，把许多中性事物也理解成为危险的事物。如果在家庭生活中，父母是焦虑的，对于孩子来说可能是一场噩梦。小丽的母亲就是一个被诊断为广泛性焦虑症的人，她每天的唯一嗜好就是发现孩子身上的危险。家中经常出现的不愉快是因为看电视，小丽每天早晨不到六点就得起床上学，因为家远又没有校车，回到家通常已经是近傍晚六点了，这时央视一套是儿童动画片剧场的时间，通常会播放30分钟左右的动画片。小丽学习一天了，感觉非常疲惫，对于她来说，音乐与美术都不是爱好，唯一爱好的就是看动画片，看动画片不仅是减轻压力的手段，更是一种身心享受。而焦虑的母亲对女儿具有不近情理的时间要求，她相信的格言是"一寸光阴一寸金，寸金难买寸光阴"，她只要一看到女儿专心地看电视，就会感觉十分紧张，她觉得女儿又在浪费时间了。女儿的英语单词背得还不够好，应当利用吃饭前的时间抓紧时间背单词。小丽是一个听话懂事的女儿，一想到平时母亲照顾自己的生活不易，就回到房间了，但内心却十分愤怒，愤怒母亲的专制与不公，哪有什么精力背英文单词，一个晚上都觉得不舒服。

焦虑的家长自己悲观，缺乏安全感，努力在孩子身上寻找安全感，于是对孩子的要求近乎完美。通过这种不切实际的完美标准，他们是想缓解自己的焦虑。如果孩子考试成绩是班级第一名，焦虑的父母得知后会对孩子说："还得努力，还有全年级第一呢。"如果孩子终于考了全年级的第一，焦虑的父母则会建立更高的标准，对孩子说："别自满，还有全区第一呢。"在焦虑的父母心目中，要想获得安全感，就得超过所有的人，成为人上人，否则就会被淘汰。但是，从孩子方面来考虑，如果整天都面对过高要求，就会形成过大的压力，缺少成就感。

其次，焦虑的家长往往是一个悲观主义者，无法直面孩子的成长，整日为孩子担惊受怕。不是担心孩子受苦，就是担心孩子安全，不相信孩子具有成长的潜能和自己解决问题的能力，所以，他们经常提供满足孩子的各种需要，即所谓的溺爱，而不是让孩子亲自动手去完成任务。比如，做饭时，明明可以让孩子帮助一下，但怕孩子影响学习或笨手笨脚，就大包大揽，不仅自己事事亲恭，搞得身心疲惫，而且剥夺了孩子成长的机会。他们还生怕孩子受伤害，所有有危险的活动都不让孩子参加，令孩子缺少处理挫折的机会，缺少自主性，形成被动与依赖。

再次，焦虑使父母遇到困难先产生恐惧与焦虑，而不会主动与孩子讨论如何解决问题，令孩子缺少参与解决问题的过程与体验，形成软弱。一旦父母焦虑，遇到难题时就会陷入情绪波动中，不能冷静地处理问题，给孩子形成消极的暗示："人是无能的、软弱的"。关键的问题是，焦虑的父母自己很少有成功地应对困难的行为示范，难以让孩子学会面对困难时的坚强态度和行为。小刚的父亲是一名公务员，最近心情不好，原因是提职落选了，没有当上正处，他回家后借酒浇愁，情绪低落，也不愿意理孩子了。孩子起初以为自己犯了什么错误，后来知道真相，也无所适从，不知如何处理，只能受其影响。

最后，焦虑的父母因为情绪波动，经常心情恶劣。而一个心情恶劣的人，经常会把情绪宣泄到他人身上，焦虑的父母不是把自己的消极情绪宣泄到配偶身上，就是宣泄到孩子身上。影响最大的就是宣泄到孩子身上，这会使孩子在家庭生活中缺少安全感。小明的妈妈非常爱孩子，小明过生日时妈妈给他买了平板电脑，并且安装了小明喜欢的游戏软件。小明的妈妈也是个游戏迷，有空闲时间，也会与小明一起玩会儿游戏。但是，有一天，妈妈因为单位的事情不顺利而心情非常恶劣，看到小明玩游戏，恶狠狠地说："你整天就知道玩游戏，也不抓紧时间复习，我要把你的游戏都删除了，叫你整天玩。"其实，妈妈也知道小明成绩不错，玩的时间不算过分，但她就是控制不住自己的情绪，非得宣泄一下不可。其实，她不是特别针对儿子，这时候谁在她身边谁就是宣泄对象。但是，孩子不是心理学家，心智没那么成熟，他不会区分什么是家长心烦，只是宣泄，什么是因为自己错误而使家长产生的消极情绪。经历家长的情绪宣泄后，孩子或者认为自己是一个不好的人，形成自卑心理，或者认为家长是一个坏人，形成逆反心理。

第二种是偏执型的父母。偏执的意思有多种。①以自我为中心，不能共情孩子的情绪感受。偏执型的父母与孩子相处时，处处从自己的立场和利益着想，缺少换位思考的能力，对自己缺少反省和反思的能力，不能觉察自己的错误，少有自我批评的精神。②专制。此乃偏执在权力观上的表现，其逻辑为"我是家长，我说了算"，以父母的强势和对资源的掌握来压迫孩子就范，不承认孩子是与自己平等的，是有选择权的。③缺少基本的慈爱心。偏执的人固守自己的观点，不理睬孩子的诉求，根本上还是缺少慈爱之心。他们看问题偏激，固执自己的价值观，归根结底还是不具备爱他人和宽容他人的能力。在这点上他们与焦虑的父母还是有所不同，焦虑的父母并不缺乏慈爱之心，只是因为焦虑而妨碍了表达，但内心深处他们对世界并无敌意，而偏执型的父母则缺少基本的慈爱精神。读者可能要问，虎毒不食子，天下哪有不爱孩子的父母。是的，天下有不同人格类型的人，生物学的情感人人都有，但心理社会意义上的情感并非人人都具备，因为这种爱是后天习得的，如果没有机会习得，很可能就发展不起来。

偏执的家长不仅需要学习本书中亲子沟通的技术，而且需要进行系统的自我分析，解决个人成长经历中的问题，才能学习平等地与子女相处。

第二章　如何表达理解和尊重

父母要学习的第一课，也是最重要的一课，就是学会从孩子的感受和立场思考和处理一切亲子关系的问题，也就是说要学会理解孩子的感受，尊重孩子的感受。作为父母，由于受自身家庭教育和传统文化的影响，会下意识地把孩子当作一个不懂事的小人儿，如下的沟通情景是很常见的。

孩子：妈妈，我上一天课了，我想看会儿电视，这会儿正在播动画片。

妈妈：你已经玩了半小时了，赶紧写作业吧！

孩子：我就看一会儿行吗？

妈妈：不行！

孩子：（大声地）我就是要看！

妈妈：你总是这样拖着不想写作业，好习惯是养成的。

孩子：（哭闹）我就是不写！

结果，对话变成了争吵，家庭气氛变得一团糟。最终母子双方以消极情绪对抗。

如果父母换一个角度，尝试站在孩子的立场，理解孩子的感受，假定自己就是那个喜欢看动画片的孩子，希望作为成年人的父母理解自己的感受，他们又会如何与孩子沟通呢？

孩子：妈妈，我上一天课了，我想看会儿电视，这会儿正在播动画片。

妈妈：我知道这是你最爱看的动画片。

孩子：是的，我都看了十五集了。

妈妈：我担心你完不成作业。

孩子：不会的，我看完后保证抓紧时间写作业！要不，你用表督促我，这样我就会更快一些。

妈妈：以后你如果想看电视的话，回来就要抓紧时间写作业。

孩子：好的，明天我就先写作业。

你可能会向孩子表示，你能理解孩子的感受，但是写作业也是非常重要而紧迫的事情，如果你能表达对孩子想看动画片的理解并与孩子最终达成一项时间安排的协议，那么双方的需求都会得到满足，此时沟通就不仅是有效的，而且是积极的。

第一节　如何表达对孩子感受的理解

沟通过程中，父母如果能从孩子的感受和立场理解孩子，感孩子所感，想孩子所想，就能捕捉到孩子想要传达的重要信息，就能和孩子一起面对问题，共同探讨解决问题的办法。

所谓理解，并不等同于知道。知道是你对某一事实或某种知识的了解和掌握，通常针对客观事物。但是面对孩子，父母通常不能只局限于知道，而是要强调理解。理解孩子是对孩子的感受和情感了解的过程，理解中包含了情感上的共鸣，懂得了对方带有一定情感的想法，甚至领悟了对方想法和行为背后的动机与意义。

理解过程包含着爱和尊重的态度，要从对方的角度想问题，关心对方的感受和情感，是以关怀对方作为人的存在而产生的积极态度。

理解过程还包含共情的能力，即对孩子的心理活动感同身受的能力，倾听的能力和倾听的技巧。

理解孩子的感受主要是通过语言来实现的。俗话说，"良言一句三冬暖，恶语伤人六月寒"。语言可以是打开孩子心扉的一把钥匙，也可以是锁住孩子心门的一把锁。如上述例子中，在父母通常的沟通方法中，妈妈无视孩子特别累，情绪低落的事实，一味地用自己的感受代替孩子的感受，按照自己的意愿要求孩子，孩子很累的需求没有得到满足，导致孩子生气地大嚷、哭闹。在亲子沟通中如果父母总是无视甚至否定孩子的感受，说话不考虑孩子的情绪，自以为是地以自己的感受来代替孩子的感受和情绪的话，那么包办代替的父母和沮丧的孩子之间就会形成一道不可逾越的鸿沟，在沟通的这条路上，父母与孩子渐行渐远。

那么父母究竟该如何表达对孩子的理解呢？

一、多听孩子说

小云洗完澡后，卫生间的地上全都是水，脱下来的脏衣服全都扔在地上，爸爸看见了很生气。

不理解孩子感受的语言反应：

爸爸：告诉你多少次了，洗完澡以后要把卫生间的水擦干，把脏衣服放在洗衣筐里！

孩子：一会儿就九点了，我担心九点以前弹不完琴，我想先弹完琴再收拾卫生间，结果给忘了。

爸爸：每次催你洗澡，你都要拖到星期天晚上才洗，把自己弄得手忙脚乱的！

孩子：(大声地)爸爸，不弹琴你要批评我，不洗澡你也要批评我，洗完澡忘收拾卫生间了还要批评我，我就没有做对的时候！

爸爸：怎么说话呢？我们做这些还不都是为你好！

孩子：那你试试？整天不是弹琴就是写作业，不是打球就是跳舞，一点自由的时间都没有！

爸爸：别人家孩子都这样，就你是外星人！你看瑶瑶，周五从天津回来后，周六要上英语课，周日上午要跳舞，下午要学小提琴，比你还忙！比起瑶瑶来你已经很自由了。

孩子：……

理解孩子感受的语言反应：

爸爸：我看见卫生间的地上有水，还有脏衣服。

孩子：爸爸，我急着弹琴忘了。

爸爸：那你什么时候收拾呀？

孩子：我马上收拾，我担心太晚了弹琴会影响团团睡觉。

爸爸：好的。你是不是觉得时间很紧呀？累吗？

孩子：主要是我不喜欢洗澡，所以一直拖着，拖到最后，时间才这么紧的，倒不是因为别的。

爸爸：我知道你不喜欢水溅到眼睛里的感觉。我担心你有些累。

孩子：比起别的同学来，我算幸福的了。像瑶瑶周末没有一点空儿，星期六上午写作业，下午上英语课，星期天上午跳舞，下午学小提琴；还有小明，每周有三个晚上在环球少儿那儿上英语课。

爸爸：这样啊！那你记得收拾卫生间。

孩子为邻居家的孩子着想，是善解人意的良好品德。此时孩子的感受就是她一心想在九点之前把琴弹完，免得影响团团睡觉，而不是有意不收拾卫生间的。如果父母不理解她的感受，一味地批评责备她的话，孩子极有可能会把爸爸的责备迁怒到弹琴上去，久而久之会厌倦弹琴。当父母问清楚孩子原因时，就会理解孩子的感受，尊重孩子的意见，还会为自己有这么一个善解人意的孩子而欣慰。

二、 说出孩子的感受

晚饭后，小乙在客厅里翻跟斗，每成功地躲过一次障碍她都高兴得哈哈大笑。突然，她一下磕在了墙角上，疼得哇哇大哭。

不理解孩子感受的语言反应：

妈妈：哭什么哭！不让你在客厅翻，你偏不听！磕着了吧？

孩子：我的耳朵很疼，是不是流血了？

妈妈：活该！叫你不听话！

孩子：你就知道骂我，教训我。

妈妈：谁叫你不听话呢！

理解孩子感受的语言反应：

妈妈：我看看磕破没有？

孩子：不知道，就是突然一下疼得我受不了。

妈妈：还好，没有磕破。你那么大的冲力，磕着了耳朵，耳朵上那么多的神经，肯定挺疼的。

孩子：我以前看见一个小朋友磕破了，流了很多的血，我很害怕！

妈妈：疼过这一阵儿后，就应该会好一些。现在感觉怎么样？

孩子：似乎比刚才好一些了。

孩子在猛然地撞到墙角上后，特别疼。此时她最需要的是父母的关心和安慰，是父母的爱，而不是斥责。斥责会让孩子产生一种被遗弃的感觉，觉得父母不关心她、不爱她、不近人情，她会在这种方式中习得冷漠的或者像预言家一样的人际交往模式，对孩子的交友和生活产生负面影响。此时关心和安慰不仅会让孩子觉得你理解她的感受，而且父母使孩子产生了被尊重、被爱的感觉，教会了孩子如何爱别人、尊重他人，建立了良好的社会联结。

三、 对孩子宽容一些

十岁的小云在下午放学后，放下书包就出去玩了，她忘记了今天晚上的乒乓球课。回来时才想起晚上有乒乓球课，心里就特别地焦躁。上乒乓球课时，她手里打着球，脑子里想着未完成的作业——今天的作业还很多呢！好不容易熬到了下课，终于可以写作业了。看着小山一样的家庭作业，小云噼里啪啦地打开作业本，奋笔疾书。可越急越容易出错，写了擦，擦了写的，速度一点儿也不快！都九点半了，作业才写了一半儿。急得小云抽抽搭搭地边哭边写作业。妈妈在一旁一忍再忍，终于忍不住了……

不理解孩子感受的语言反应：

妈妈：你总这样！每周二都上乒乓球课，你怎么会忘呢？你怎么没忘记玩呢？

孩子：我不是故意的。

妈妈：那你哭什么？再哭就别写了！明天到学校让老师批评你，罚你多写几遍就不会忘了！

孩子：我没有忘记写作业，我只是忘了今天晚上有乒乓球课。

妈妈：你总是给自己找借口。快写吧，真够费劲的！

理解孩子感受的语言反应：

妈妈：怎么啦？看来今天作业很难？

孩子：嗯，不是的……我下午忘了晚上有乒乓球课了，所以没写作业。

妈妈：那就写完再睡吧，一次晚睡没关系的。

孩子：好的。我怕爸爸妈妈批评我，所以想和平常一样九点钟上床睡觉，这样你们就不会知道我下午没写作业了，可我九点半之前真的写不完呀！

妈妈：已经这样了，写完作业再睡吧！

孩子：好的，谢谢妈妈！

当孩子忘记了晚上有乒乓球课而没有写作业时，她最担心的是父母的批评。如果父母的批评如约而至的话，孩子自然会想：我就知道会这样，我就是学习的机器。进而心里会产生不满、怨恨等负面感受。但当父母从孩子的角度出发，不责备孩子，而是关心地询问她的作业难不难、多不多时，孩子就会觉得父母理解自己，就会敞开心扉，把自己担心的事情说出来，减轻负面感受，释放负面情绪，这有益于孩子的身心健康。

在理解孩子感受的语言中，父母能够从孩子的角度理解孩子的感受，表达对孩子的爱、关心、理解、尊重和无条件的接纳。通过这种新的语言模式，父母可以打开孩子的心扉，引导孩子说出自己不好的感受，释放消极情绪，在父母和孩子之间建立了良好的联结。通过这种新的语言模式，孩子在父母对自己的爱和接纳中习得了爱和接纳，拥有了安全感，没有了恐惧，减少了焦虑，对孩子自身的心理健康、人格发展都有积极的作用。

第二节　如何接纳孩子的负面感受

感受是一种存在，无所谓对错。人的需求得到满足时会产生好的感受，需求没有得到满足时会产生不好的感受。好的感受有兴奋、喜悦、欣喜等，不好的感受有害怕、担心、焦虑等。孩子不好的感受会让其行为变得不讲道理、不配合、逆反甚至敌对。

孩子感受产生的根源在于孩子自身，在于孩子的需要和期待是否得到满足。孩子对他人言行的看法，自己是否得到了尊重等形成了孩子的感受。

作为父母，会很自然地理解并接纳孩子好的感受。然而，对于孩子的负面感受，父母通常难以理解和接纳，而是以自己的感受代替孩子的感受，不断地否定孩子真正的感受，日久天长，孩子就失去了判断力，不知道自己的感受也是一种事实，更不敢坚持自己的判断，产生依赖家长、朋友等退化性行为。

因此，父母要学会关注孩子的需要和期待，尊重孩子的想法，理解孩子的感受，帮助孩子面对自己的负面感受，进而接纳孩子的负面感受。

一、听出孩子的感受

理解与接纳孩子的负面感受，对于大多数父母是一种挑战。大多数父母对孩子的感受都是以自己的本能反应来应对的，没有克制、没有目的、不计后果。这种反应是自动化的，不需要花费自己的意志力，不需要太多的心血，却常常不自觉地否定孩子的感受。而这种对孩子感受的否定，会带来孩子直接的对抗或对自己的否定。

例1

孩子：奶奶太笨了！

爸爸：你怎么这么说奶奶？奶奶给咱家做饭，收拾屋子，还接送你上下学。

孩子：奶奶接我时经常记错时间，别的同学都走了，害得我在学校门口等那么久。

爸爸：奶奶腿脚不好，走得慢些。你等一小会儿怎么啦？以后不许说奶奶坏话，听到没有？

孩子：听到了。

孩子说奶奶笨是因为奶奶接她时常常记错时间，在孩子说奶奶太笨的背后，孩子最想表达的意思是大家都回家后，她等在学校门口的那种孤独、无助、焦急的感受。在爸爸否定孩子的语言中，爸爸忽略了孩子的这种感受，一味地强调奶奶为家里做了很多事，奶奶已经很不容易了。长此以往，孩子真实的感受就会藏在不满、怨恨的后面，觉得自己真的不该说奶奶"坏话"，慢慢地会形成为自己的错找借口、指责别人等不好的习惯。

例2

孩子：妈妈，我不喜欢画画儿了。

妈妈：当初是你嚷着要学画画儿的，学了这么长时间了，你又说你不喜欢画画儿了。

孩子：我那时候喜欢，可我现在不喜欢了呀！

妈妈：我觉得没别的原因。你就是吃不得苦，五年级的课程紧，作业有些多，你就不想学画画儿了。

孩子：我是真的不想学画画儿了。

妈妈：过一段再说吧，小孩子知道什么呀？学了这么长时间放弃太可惜了。

孩子说他不想学画画儿了，最想表达的感受是他觉得画画儿不再吸引他了，他对画画儿没有兴趣了。妈妈用成功的哲学否定孩子的感受，否定孩子的意志品质，觉得孩子怕吃苦，在这个逻辑下，孩子也许会接受妈妈的观点，觉得自己怕吃苦，没有毅力等，反而失去了学会独立的一个大好时机。

例3

孩子：妈妈我累了，不想练琴了……

家长：你玩的时候怎么不嫌累？一弹琴你就喊累！

孩子：我只是今天累了，哪有一弹琴就喊累了？

妈妈：还犟嘴？放学后你在小区里疯跑一个多小时都不嫌累，现在嫌累？弹琴去！

孩子说他累的时候只是表达他很累的感受，并没有厌倦弹琴的成分在里边。但是妈妈否定孩子累的感受，却会让孩子觉得只有弹琴是最重要的，他只是弹琴的工具。在跑了一个多小时后，他的确很累，情绪低落。情绪低落的孩子可能会把对妈妈的不满迁怒到弹琴上去，进而厌倦弹琴。或者对妈妈的严苛心生逆反，故意地不按妈妈的要求做，激怒妈妈。

例 4

孩子：我不想练习侧翻了（为了让她练习侧翻，妈妈带着她坐公交车来的练习场地）。

妈妈：不是你要练习侧翻咱才来这儿的吗？

孩子：我想去买点面包吃，我饿了。

妈妈：怎么可能，你中午吃那么多，怎么这么快就饿了？

孩子：我真的饿了。

妈妈：我看你是嘴巴馋了，见了好吃的就想吃。

孩子：随便你怎么说，反正不想练习侧翻了，我饿了。

妈妈：这孩子，怎么这么烦人呀！

孩子不想练习侧翻的原因是她饿了。孩子消化功能强，本身就比大人容易饿一些。可是妈妈以自己的感受为基准去判断孩子的感受，否定孩子饥饿的感受，一旦孩子饥饿的感受没有得到尊重，饥饿的需求没有得到满足，那么孩子不想练习侧翻这一个感受就变得特别强烈。饥饿是因，不想练习侧翻是果，对孩子饥饿感的否定，会误导孩子把因果倒置，带来不好的行为。

例 5

孩子：今天下午爬山真没意思！

父母：全家人一起爬山，多好啊！怎么没意思了？

孩子：就是走啊走的，有什么意思？

父母：我们不是在山上看见了一只小松鼠吗？你不去哪能看见呀？

孩子：那也比不上我在小区里和阿呆、多多它们玩好，我都一星期没看见它们了，它们会忘了我的。

父母：不会，狗的记性是最好的，怎么会忘了你？你给它们吃的，陪它们玩，它们怎么会忘了你？放心吧！

孩子：它们每天四点在小区里溜达，我只有四点多才可以看见它们，可是现在都五点半了！真是的。

父母：照你的意思你宁愿跟狗玩，也不愿意全家人一起爬山？

孩子：反正爬山没有跟阿呆一起好玩！

孩子在说爬山没意思时，其实最想说的是她想每个周末和她一起玩的那两只小狗了，她想跟它们玩，想去看看它们，因为爬山，她跟那两只小狗玩不成了，心里有些遗憾，有些懊恼。这种懊恼的感受藏在了埋怨爬山无聊的感觉后面。如果父母能够尊重孩子的感受，她就会在和父母的沟通中把自己的这种遗憾的心情表达出来，负面情绪得以宣泄。父母对孩子感受的否定不但堵住了孩子的宣泄口，而且还加剧了孩子遗憾的感受，内心产生对父母的不满或者以后再也不和父母一起去爬山了等想法。

因此能听出孩子的负面感受和需求，对于大多数父母是一种挑战，刚开始时感觉会非常不适应或不习惯。听出孩子的感受和需求需要父母的耐心与坚持，需要克制第一反应，需要不断地练习，直到能够听出孩子的需求和负面感受。

二、说出孩子的感受

当孩子有不好的感受时，父母要做的不是竭力地帮孩子摆脱不好的感受，也不仅是站在孩子的角度理解他们的感受，更重要的是帮助孩子面对他们的感受。很多时候，孩子的感受并不是那么强烈，孩子往往说不清楚自己的感受，因此当父母能清晰地说出孩子的感受时，孩子往往会得到安慰，不好的感受会减轻。

例 1

孩子：奶奶太笨了！

爸爸：发生什么事儿啦？

孩子：奶奶今天接我又晚了半小时。

爸爸：是不是别的孩子都走了，你一个人在校门口等得很着急呀？

孩子：嗯！其实主要还不是着急，关键我一个人在校门口站那么长时间，好无聊啊！

爸爸：的确是那样的。那咱们看看怎么能解决这个问题？你们周二、周五放学早，奶奶有时记错时间也是难免的。

孩子：是倒是。爸爸，其实我现在可以自己回家了，上学期我们班就有同学自己回家呢！

爸爸：咱家有些远，还要过两条大马路，爸爸有些不放心。等你上五年级个子比车高时再试着自己回家，现在每天爸爸提醒奶奶一下，你看怎么样？

孩子：当然可以呀。其实奶奶对我挺好的，我也很喜欢奶奶。

例 2

孩子：妈妈，我不喜欢画画儿了。

妈妈：怎么啦？是不是太累了吗？

孩子：不是，关键是我现在没什么兴趣了。老师教的那些东西我真的没兴趣。

妈妈：是老师教的东西你不感兴趣了吗？要不给你换个老师看看？

孩子：不是老师的缘故，是我自己的兴趣。我突然觉得自己更喜欢打排球了，我特别想参加学校的排球队。

妈妈：这样啊！那就先停一段，等到你想学时再说。

孩子：我也是这样想的。反正现在我特别想打排球，每周训练三次呢！排球课上老师说我球感不错，我自垫球是我班垫得最好的。而且那么多人一起玩，我喜欢跟别人配合的那种感觉！

例3

孩子：妈妈我累了，今天不想练琴了……

妈妈：怎么啦？哪里不舒服吗？

孩子：不是，今天下午放学后我们在小区里玩三个字的游戏，跑了一下午累的。

妈妈：是吗？跑一小时的确很累！只是你钢琴课作业怎么办呢？

孩子：我打算明天多练习半小时，把今天的补回来，后天再多练会儿，应该还能跟上老师的课。

妈妈：以后还是要练完琴，写完作业再玩。要不你玩得也不踏实，是不是呀？

孩子：是啊！我就是有些担心才跟妈妈说的。

例4

孩子：我不想练习侧翻了（为了让她练习侧翻，妈妈带着她坐公交车来的练习场地）。

妈妈：怎么啦？

孩子：我饿了，想先吃点东西。

妈妈：肚子饿的滋味是不好受，那就先吃点东西再说。

孩子：我也觉得先吃点东西，才有力气练习侧翻呢！

妈妈：你要还练习侧翻的话，就不能吃太多哦！

孩子：我知道的，妈妈！

例5

孩子：今天下午爬山真没意思！

　　父母：全家人一起爬山，走在山谷里，暖暖的太阳晒着我们的后背，多舒服呀！

　　孩子：可是我们没有四点回来，阿呆和多多都遛完弯儿回去了。我上周跟奶奶约好了今天四点要跟它俩玩呢！

　　父母：看来你觉得有些遗憾，对不对呀？

　　孩子：是的。我特别喜欢小狗，爸爸不让养，就只能每个周末跟阿呆和多多玩了。可是现在都五点半了。

　　父母：那你提醒我们下次爬山改在上午就可以了。

　　孩子：要是上午爬山的话，还不错。山上空气好，还有我喜欢的山雀和小松鼠，还有鸽子。只是它们离我那么远，我只能远远地看，摸不着它们。

　　当孩子难过时，父母停下来听听孩子的话，观察孩子的情绪，努力地理解孩子的感受，耐心地听出孩子不好的感受背后的需求，说出孩子的感受，这样孩子就能感受到父母对他的尊重。此时孩子的负面情绪往往会得到宣泄，不好的感受会减轻。

　　比如，例1中孩子的感受是有些焦急、有些无聊，在无聊的背后主要的还是焦急的感受，但孩子说不清楚；例2中孩子的感受是有些不满，有些茫然；例3中孩子的感受有些担心，有些精疲力竭；例4中的孩子有些心神不宁，饿得都忘了坐车来练习场地的目的；例5中孩子有些遗憾等。当父母把听到的孩子的感受清楚地说出来时，孩子通常觉得自己的需求得到了尊重、得到了满足，不好的感受就会减轻。

　　孩子常见的不好的感受有：害怕、担心、焦虑、着急、紧张、心烦意乱、忧伤、沮丧、气馁、泄气、绝望、伤感、悲伤、恼怒、愤怒、烦恼、苦恼、生气、厌烦、不满、不快、不耐烦、震惊、失望、困惑、茫然、寂寞、孤独、郁闷、难过、悲观、沉重、麻木、精疲力竭、萎靡不振、疲惫不堪、昏昏欲睡、无精打采、尴尬、惭愧、内疚、嫉妒、遗憾、不舒服等。

　　感受是孩子的需要和期待是否得到了满足，是孩子对他人言行的看法，是自己是否得到了尊重的一种心理体验。大多数时候孩子的感受不是那么强烈，也不是很明确，往往是多种感受混在一起而产生不好的感受。此时如果父母能够积极地倾听，细心地体察，清楚地说出孩子的感受，孩子的消极情绪往往能够得以宣泄，不好的感受就会减轻。

三、 接纳孩子的感受——积极倾听

理解孩子不好的感受，帮助孩子面对不好的感受后，接下来就是通过积极的倾听、有效的回应来接纳孩子的感受。

倾听是指"用尽（力量）去听"，毕淑敏女士在《让我们倾听》一文中提到自己对"倾听"里的"倾"字的理解，类乎倾巢出动、倾箱倒箧、倾国倾城、倾盆大雨……总之殚精竭虑。我们这里讨论倾听是指父母全身心地体会孩子传达的信息。

积极倾听是父母根据自身的经验和敏感度从孩子的言语、情绪中了解孩子的观察、感受、需要和请求，并给予积极地回应的一种倾听。在被理解和尊重的倾听中，在酣畅淋漓的宣泄中，孩子的恐惧和愤怒也如天上的游云一般渐渐散去，最终回归孩子积极快乐、勇于探索和爱学习的天性。

那么在什么情形下需要我们积极地倾听孩子？怎样回应才是积极的呢？美国家庭教育心理学家帕蒂·惠芙乐在其《倾听孩子：家庭中的心理调适》一书中就孩子哭泣时、孩子恐惧时、孩子发脾气时、孩子愤怒时、孩子不可理喻时这五种情形进行了详细的讨论。笔者也认同当孩子出现上述状况时，是孩子最脆弱、最需要帮助的时候。笔者仔细观察了数十个孩子半年之久，整理出了孩子发生状况时的表现。

（一）当孩子哭泣时

一天晚上小云写作业时，家里有客人来访。小云热情地跟客人问好，大家在客厅里聊天，写作业的小云时不时也插两句。当客人离开时，已经九点了。以往九点是她上床睡觉的时间，可是今天小云还在写作业。

爸爸：怎么还没有写完作业呀？

孩子：刚才那么多人说话，吵得我都没法写作业。

爸爸：你可以去书房写作业呀！

孩子：你也没说，我们今天作业很多，我担心写不完作业了，老师会批评我的。

孩子开始抽抽搭搭地哭泣……

即使是过得非常欢乐的一天，孩子也可能会通过哭泣把以往积存的不快带出来。这时我们只要留在孩子身边倾听他，不打断孩子哭泣，他的烦恼会随着哭泣逐渐消散，哭泣也会停止（哭泣能愈合创伤）。

倾听原则：确保孩子的哭泣不是因为身体受伤了；不要流露出不安，也不要给孩子忠告；靠近孩子，轻轻地搂住他，或者从上往下抚摸孩子的后背，让你们的目光相互接触；和蔼地请孩子把烦恼告诉你，倾听孩子的感受，倾听孩子的希望；让孩子知道你一定会保护他，不会让他受到伤害；允许孩子痛快地哭。

在上述案例中积极倾听的做法1：

爸爸（轻轻地抱住孩子）：的确，因为作业写不完被老师批评的感觉很不舒服。

孩子：上次范某某没完成作业，老师批评了他，并且让他在大家课外活动时补作业。

爸爸：如果不是我们在客厅里聊天的话，你是可以早点写完作业的。

孩子：其实也不一定，今天作业比平时多。所以我心里本来就很烦，很着急。

爸爸：有时候我也会那样。心情烦躁时，什么事都做不了。还是你这样好，想哭就哭，爸爸不好意思哭呀！

（孩子被逗乐了）

孩子：我还是写作业吧，跟你说话也不会加快我的写作业进度。

爸爸：也是哈！需要我陪着你吗？

孩子：不用了！以后再有这种情况的话，我就到书房去写作业去。

在上述案例中积极倾听的做法2：

妈妈拉过孩子的手，轻轻地拍拍孩子的后背，温柔地看着孩子的眼睛。

妈妈：我感到你很着急，担心自己作业完不成，老师会批评你，是不是？

孩子：是啊，作业这么多。我不快点写就写不完啦！明儿到学校老师还不得把我吃了！

妈妈：我也觉得安静时写作业会更专心一些，写得更快。

孩子：是我忍不住想听你们聊天，边听边写，常常写错！可写错了时，我就特别烦躁！

妈妈：是这样的，换了我也一样的。

孩子：下次再来客人时我最好在书房写作业！

（二）当孩子恐惧时

一个春天的周末，一位年轻的妈妈带着三个十岁的孩子去公园玩。孩子们跑得很快，一会儿就追不上了。当年轻的妈妈气喘吁吁地追上其中的两个孩子时，孩子告诉她萌萌不见了。看见俩孩子惊恐的样子，这位年轻的妈妈一边安慰俩孩子，一边果断地找到公园管理处，广播寻人启事。寻人启事一遍一遍地播着，妈妈焦虑地等着，当穿着小红裙子的萌萌出现在她的视线中时，妈妈赶紧迎上去，抱住了萌萌。惊恐万状的萌萌终于"哇"的一声，哭了起来！

当孩子恐惧时，孩子可能会愤怒、躲避、退缩，此时我们只要留在孩子身边，对孩子保持持续的关注。在充分的表达中，孩子的恐惧就会随着发抖、干号、出汗和发脾气宣泄出来，或者想方设法地逗孩子大笑也可以帮助孩子放松紧绷的神经，释放恐惧。

倾听原则：紧紧地搂着孩子，让孩子一睁眼就能看到我们平静而关切的面孔；我们要给孩子一种一切都好，妈妈会陪着你，你很安全的感觉；同时要注意对孩子因恐惧而导致的攻击性行为进行防范和限制；当孩子害怕地躺在我们怀里时，我们给予倾听，关注孩子的感受，同时要在孩子的恐惧中听出勇气；在孩子害怕时，我们要始终留在孩子身边，轻轻地搂着他，直到他重新获得安全感。

积极倾听的做法：

妈妈紧紧地抱住萌萌。

妈妈：找不到我们，吓坏了吧？

孩子：是的。我听见了广播，但是后面的地点听不清楚。我不知道要到哪儿找你们。

妈妈：我们一定会找到你的，不会丢下你不管的。

孩子：我知道，可是我还是担心你们找不到我。公园里那么多人，一转眼我就看不见她俩了，我就返回去找，也没找到。我打算实在找不着你们，我就去咱进公园的那个门门口等你们，我拿着地图，问了好多人，我会看地图了。

妈妈：孩子你真冷静。积极地想办法解决问题，真棒！

妈妈转向另外的两个孩子：咱还玩吗？

孩子：玩呀！我们想去游乐场玩跳跳鼠、旋转飞椅，还有那个高高的滑梯。刚才就是急着来游乐场玩才跑丢的，嘿嘿……

妈妈：好吧！这次咱可得说好了，不能再"丢人"了啊！

孩子：我们就在游乐场玩，每玩完了一个项目就在滑梯这儿碰个面。

妈妈：这个主意不错！

接下来，孩子们一起玩跳跳鼠、海盗船、旋转飞椅。在忽上忽下的旋转中，在孩子们高声尖叫中，心中的焦虑、紧张一扫而光，似乎之前的小插曲就是为了这会儿的疯狂尖叫做准备的。最后在滑梯那儿，孩子们一趟一趟地上去，一次次尖叫着滑下来，直到精疲力竭，才离开了公园。

(三)当孩子发脾气时

小云带着新买的蛇板找小志玩，谁知小志拿过小云的蛇板就滑，小云叫小志半天，想要回自己的蛇板，小志都装听不见，气得小云使劲踹小志的蛇板！

发脾气一般是孩子需要帮助的表现。此时要多和孩子商量，鼓励孩子表达自己，这样不仅能解决问题，而且还很自然。成长中的孩子每天都会学习新的东西，而沮丧是学习过程中都会发生的突然故障，是孩子期望的与他们能做到的两者之间矛盾的自然产物。发脾气是孩子摆脱沮丧情绪的一种途径。倾听孩子的情绪，孩子的情绪发泄是一种自然的康复过程，能使他们恢复原有的爱心及随和、好学的天性。

倾听原则：靠近孩子保证他的安全，但不要试图安慰他，让他撒泼；在孩子的宣泄中我们始终关注孩子的感受，关注孩子的需求，坚持5～15分钟，静待事情的转机；如果孩子烦躁时能够得到倾听，那么他就能从你身上学会设身处地地为他人着想。

积极倾听的做法：

妈妈：你不愿意让小志玩你的蛇板，是不是呀？

小云：是啊！他总是这样，不问我愿不愿意，玩什么、吃什么总是这样的，妈妈还总听他的。

妈妈：他的确该问问你，那是你的新蛇板，你还有点担心他给你弄坏了，是吧？

小云：是有一些，主要是我不会玩他的蛇板，特别沉，滑不动。我要是滑得像他那样好的话，让他玩一会儿也行。总不能从我手里抢吧？我觉得他太霸道了。

妈妈：是，妈妈也觉得他应该征得你的同意再拿去玩好一些。

小云：是啊，其实我也不是不让他玩，更不是不想和他玩，就是觉得他每次都这样，好东西自己先玩，总是我让着他，他就不能让着我点儿？

妈妈：哦……

小云：以后我再跟他玩时，我要告诉他别人不可能总让着他，把我的想法告诉他，也许会好一些。

（四）当孩子愤怒时

放学后小朋友们在小区里玩蛇板，珂珂没有蛇板，就跑着和他们一起玩。她跑得飞快，几个孩子滑着蛇板追着她玩。突然，珂珂停下来，冲着追在最前面的菲菲就是一拳。打完菲菲，珂珂自己还委屈地大哭："你们这么多人追我一个人，我都跑不动了，还追我！"菲菲纳闷地挨了打，也大哭起来。

愤怒有时源于恐惧和悲伤，有时源于感受到不公正时的情绪反应。如果我们对愤怒的孩子给予关注和爱，他就有机会处理自己的情绪，并最终摆脱它。否则孩子的怒气会被埋在内心深处，在那里不知不觉地增长、膨胀，最后爆发伤及自己和他人。愤怒好比一张铁丝网，我们必须越过它才能靠近愤怒而又充满痛苦的孩子，才有机会帮助孩子。

倾听原则：当孩子愤怒时，我们要尽可能留在孩子身边，尽可能了解问题的本质，倾听孩子悲伤的感受和恐惧的感觉；要保持冷静，确保自己是在有力量时倾听愤怒中的孩子，耐心地听出孩子的需求；给孩子以温暖，不要勉强孩子接受，但要不断给予；即使当孩子试图避开我们，想独自待着时，我们也要坚持留在孩子身边，继续倾听；我们可以简单地对孩子解释为什么不走开；对孩子愤怒中的攻击性、破坏性行为要进行防御和制止，我们要清楚，攻击性行为并不是一个坏的行为，它只是孩子愤怒时心理能量的宣泄；克制自己要说教，斥责或批评孩子的欲望；尽可能地判断出孩子为什么愤怒，从源头上帮助孩子消除愤怒。

积极倾听的做法：

妈妈抱过大哭的珂珂。

妈妈：那么多人追你，你感到很不公平，是不是呀？

珂珂：是……他们那么多人追我一个人，他们欺负我。

妈妈：他们都滑蛇板，可是妈妈没有给你带蛇板，你很懂事呢！

珂珂：我没让妈妈带蛇板，不怪妈妈。只是他们一直追着我跑，一直追，一直追。我真的跑不动了，他们还追我。妈妈我真的跑不动了！

妈妈：不只是你，换谁都不能一直跑呀！

珂珂：一开始我在边上跑着跟他们玩，后来菲菲说："珂珂，咱们比赛看谁快好不好？"我也很高兴，就同意了。我跑得很快呢！菲菲都追不上。可是后来不清楚为什么大家都开始追我了，我又没跟他们比……

妈妈：你的确跑得很快，妈妈知道。要是菲菲知道你累了，休息一会儿再玩得话可能会好一些。

珂珂：哦，我知道了。菲菲不知道我跑累了，也不是菲菲让他们追我的。我那么用力地打她，她肯定会很疼、很生气的。妈妈，我要去跟菲菲说对不起。

(五) 当孩子不可理喻时

周一早晨，妈妈上班刚到单位就接到了童童的电话："妈妈，你来学校接我吧，我要转学，这个班我不能待了。"妈妈一听就着急了，这孩子怎么这样呢？她上课听讲认真，作业完成得很好，老师也很喜欢她，好端端地怎么想转学呢？电话里问为什么，孩子只重复一句，"我没法在这个班级待了"。妈妈跟孩子解释半天，"现在妈妈脱不开身，有什么事能不能放学回家再说"，孩子只是哭着坚持让妈妈到学校接她。无奈之下，妈妈只好请假去了学校。

当孩子不可理喻时，恰恰是孩子最脆弱和最需要帮助的时候。这时候，孩子没有安全感，或觉得不公平，或受到了侮辱，脆弱的孩子会通过不可理喻的行为唤起父母对自己的关注。

倾听原则：面对不可理喻的孩子，父母要走到孩子跟前倾听孩子，关注孩子的感受，要蹲下身子，靠拢孩子，平视他的眼睛，观察他的情况，询问他有什么问题，倾听他的需要；给孩子机会宣泄自己的不快，从而恢复正常思维；倾听孩子，关注他，在孩子大哭大闹时依然告诉孩子："我爱你，我知道你害怕了，我会陪着你的。"

积极倾听的做法：

妈妈满头大汗地赶到了学校，童童见了妈妈就大哭不止……

童童：我要转学，这个班我没法待了！

妈妈：怎么啦？

童童：鹏鹏他那么做不是第一次了，我跟他没完！

妈妈：鹏鹏惹你不高兴了？能说说吗？

童童：你问他去！

妈妈：老师知道这件事吗？也许会很好地解决呢！

童童：我们老师今天进修去了，不在学校。

妈妈：妈妈知道你都不愿意跟妈妈说，一定是受了很大的委屈。

童童：就是，他们几个男生一起说"锯人游戏"怎么玩，我没招他们，刚进来就听见鹏鹏说咱们锯童童吧？好好地说锯我干吗！都是鹏鹏挑的，这不是第一次，也不是第二次了。我让他道歉，他不。我就拿他的笔袋砸他，可他居然把我的桌子推翻了，书都掉出来了，文具撒了一地，是他先招惹我，凭什么不道歉，弄得大家都笑话我！这事没完！

妈妈：妈妈理解几个男孩子在玩闹时，无端地扯上你一个女孩子，你觉得很没面子，很受伤害。

童童：是啊！我的书撒了一地，笔都摔坏了！关键是同学怎么看我？

妈妈：要不妈妈给老师打个电话，先陪你回家休息一下，有什么事儿回头再说怎么样？

童童：好……

在生活中，上述情形往往交织在一起。但有一点共同的地方就是，在孩子负面感受的后面藏着的是孩子没有被满足的需要。因此父母在倾听时，第一，要先同理孩子，即耐心地、全身关注地倾听，用"嗯……是这样啊……的确……"或者重述孩子的话开头，打开孩子的话匣子，让孩子尽情地表达他的情绪；第二，要倾听孩子的各种感受，也许父母一开始听到的都是不满和抱怨，此时父母仍要耐心地接纳孩子的负面感受，要听出孩子的抱怨委屈后面，真正的需求是什么；第三，在孩子的倾诉中找到积极的部分——希望，并和孩子核对他的希望，确保孩子的希望是他真正的希望，并一点一点地把它扩大。多同理孩子，就会带给他力量。

在这个过程中，父母要注意以下几点。

第一，专注地倾听。用心地倾听并体验孩子的感受，整体性地倾听孩子。无论孩子说的话听起来有多么不合理，父母都要准确地反映孩子所说的。倾听不是说服，不是讲大道理，而是不加评判地把孩子所说的一切重点，提示反馈给孩子。让孩子明白，他所说的"被听到了"。

第二，以爱为前提。用心去爱孩子，用心把父母的感受表达出来，并让孩子感受到父母的爱。父母要相信孩子具有无限成长的可能，尊重并接纳孩子的感受。让孩子愿意打开心扉，迎接阳光，迎接希望。

倾听孩子表面上看起来很小的烦恼，常常会给孩子足够的安全感，会诱发孩子宣泄沉重的负面情绪。在主动地倾听过程中，父母可以了解到孩子的观察、感受、需要和请求，并给予持续的关注。父母要努力地在孩子一片负面情绪的乌云中，帮助孩子看到乌云背后的阳光，给孩子以成长的自然力量。积极倾听和无条件接纳孩子一样，也需要练习，需要父母不断地提高自己的倾听水平。

只有这样，父母才具有穿越孩子的负面情绪，看到孩子观察、感受、需要和请求的能力，才会真正地给孩子最需要的安全感。

四、 理解孩子的感受，但不接纳孩子不好的行为

在这个环节中要注意的是孩子不好的感受带来的行为，如孩子打人骂人、损坏东西、自残等，或者孩子带来的一些不安全的行为。

比如，当小云的蛇板被小志抢走玩，小云生气地踹小志的蛇板时，妈妈要把小云拉开，制止小云的这种行为。一方面防止小云踹蛇板时把脚碰伤，另一方面防止把小志的蛇板踹坏。

妈妈：你那么用力地踹小志的蛇板，妈妈知道你被气坏了。可是你那么用力地踹蛇板不仅会把蛇板踹坏，更重要的是妈妈担心会把你的大脚趾盖踢伤，那很疼的。

孩子：他不能抢我的东西！

妈妈：是的，小志在玩之前应该先和你商量一下。等他滑过来时咱们叫住他，跟他说说。

孩子：他根本不听，我都叫他好多遍了！

妈妈：所以你才那么生气的，是不是呀？

孩子：是呀！我又不会玩他的蛇板，他就图自己玩得高兴。

妈妈：这时你觉得很无助，是吗？你想换回你的蛇板，但是小志嘻嘻哈哈地不和你换，你不知道该怎么办，才踢小志的蛇板，对不对呀？

孩子：是呀！他不听，我就踢他的蛇板！

妈妈：以后再遇到这种情况时，可以让妈妈或阿姨帮你。而不是自己生气地踢蛇板，你知道那样不止会踢坏蛇板，妈妈更担心会伤着你，脚疼吗？

孩子：脚刚才特别疼，现在好一些了。妈妈，我懂了。以后再这样时，我找人帮忙。

当孩子在地上打滚，哭闹着要看动画片时，父母要抱住孩子，或者站在茶几旁防止他磕伤。

妈妈：厅里地儿这么小，又有玻璃茶几、桌子、柜子这些家具，你在地上打滚妈妈担心你碰到桌角，磕破头。

孩子：我就要看动画片。

妈妈：我们约定好的，先写作业，后看动画片。

孩子：对呀，可我今天还没看动画片呢！

妈妈：作业写完了吗？我们约定好的先写作业，后看动画片。

孩子：作业还差一点点，能不能先看动画片，再写作业呀！

妈妈：妈妈更喜欢你写完作业再看。你现在是学生了，我们之间有约定的。

孩子：……

当孩子好奇地爬到围着小区排风系统的大石头上时，物业管理员立刻制止了孩子的行为，并通知了家长。

物管：排风系统里面是直径一米五的大风扇，一天二十四小时高速转着，万一孩子掉进去，后果不堪设想！你说建那么高的围栏，他都能爬上去！管好你家孩子！

妈妈想到了豆浆机磨豆浆的场景，出了一身冷汗。

妈妈：那么高你怎么爬上去的？

孩子：我们刚才在玩探险的游戏，大家都想爬上去看看。我先踩着自行车的车座上到第一块石头上，然后就容易爬了。

妈妈：你看到了什么？嗡嗡的排风扇的轰鸣声你听不见啊？

孩子：我不知道上面是什么？更不知道石头中间是空的。

妈妈：刚才物管跟我说时，我想到了豆浆机，这要一个不小心掉下去了，还不得成末了？太危险了！

孩子：妈妈我知道了那儿危险，您放心，以后我不爬了。

妈妈：妈妈知道小孩子生性好奇，但一定要注意安全！

孩子：嗯。

对于孩子有破坏性的、危险的行为，父母要采取有效的手段及时制止孩子的这种行为，避免孩子伤到自己或者他人。无论孩子如何哭闹，父母都要温柔而坚定地坚持自己的立场。理解和接纳孩子的感受是对孩子的尊重，绝非纵容孩子；是对孩子的支持和保护，绝非恐吓孩子；是对孩子无条件的爱，绝非盲目溺爱。

第三节　父母常见的十种不正确的语言反应

如前所述，父母在和孩子沟通时，首先要理解和尊重孩子。能够站在孩子的角度感受孩子的感受，能够积极地倾听孩子的情绪和需求，尊重孩子的权力。

对于父母，愿意给予孩子支持和保护，也愿意和孩子分享自己的成长故事，更愿意无条件地爱和接纳孩子。然而父母的意愿和行为之间通常并不一致，在亲子沟通中父母会有一些不正确的语言反应，这种语言反应会把孩子推得更远，严重地损害亲子关系。常见的不正确的语言反应有以下十种。

一、军官式

表现：正如军官希望士兵百分之百地执行命令一般，军官式的语言是父母认为自己知道孩子应该采取的行为，并且不需要向其解释。

结果：这种语言不关注孩子的感受，也没有解释给出建议的理由。孩子感到情感被忽略，孩子不能理解家长究竟想说的是什么。

在圆明园的黄花阵中，八岁的小志，乐此不疲地左冲右突，转来转去，半天都没转出来，但小志依然兴致勃勃地探索着……

军官式语言：

先到达黄花阵中心亭子的爸爸，站在亭子里，指挥着孩子"往左、往右、往前、往后"。

这种语言没有尊重孩子的自主性，没有尊重孩子自主的需求和能力的需求，在父母结果导向的军官式语言中，孩子失去了掌控感，会产生依赖心理。

二、权威式

表现：如同权威一般，这种类型的父母容易用一些箴言或者预言，向孩子传授人生阅历或者经验智慧。

结果：由于箴言或者预言都过于客观冷淡，没有关注到孩子的个人处境，显得强硬而刻板，孩子很容易产生一种父母很老套，这些东西根本不适合我们的想法，从而忽视父母的语言所要传达的信息。

在公园里划船时，妈妈告诉急于掌握方向盘的孩子："在湖中央划，到岸边的话，螺旋桨会被水草卷住的。"孩子答应得很好听，可最后船还是划到了岸边，动弹不得。

权威式语言："不听老人言吃亏在眼前，动不了了吧？"

这种语言在孩子听来很冷漠，甚至会产生父母讥笑自己的感觉。孩子对爱的需求、联结的需求没有得到满足，会习得冷漠或严苛，从而失去了宽容和爱。

三、 魔术师式

表现：如同魔术师一般，父母轻描淡写地告诉孩子"没有问题"，好像就把所有问题都给化解了。

结果：由于问题实际地存在着，所以简单的安慰不能持续很久。否认问题的存在，孩子没有得到尊重，相当于否认了孩子自身的经历和感受。

一年一度的钢琴汇报演出季到了，由于学习很忙碌，小乙根本没有时间练习汇报曲目。小乙的汇报曲目练习得不熟练，她忐忑地告诉妈妈，她的曲目弹得磕磕巴巴的，不想参加演出了。

魔术师式：不会有问题的，大家水平都一样。重在参与，放松点啊。

这种语言模式忽略了孩子的感受，避重就轻地安慰，让孩子感觉更加孤独和无助，会加重孩子不好的感受，加剧负面情绪，孩子会更加恐惧，不利于孩子的身心发展。

四、 历史学家式

表现：如同历史学家一般，家长试图回忆发生在他们身上的类似事件，希望通过自己的经验，让孩子有所感悟。

结果：在孩子感觉很不好时，这种回忆不会起到实质性的作用。孩子可能会感到自己的问题受到了忽视，也可能由于信息过多，孩子无法从繁杂的信息中提炼出有用的信息，从而使孩子得不到想要的建议。

周末晚上，小云看了恐怖电影后上床睡觉，躺在床上半小时都没睡着："妈妈，我害怕！"

历史学家式：妈妈小时候和你一样啊，看完恐怖小说后自己不敢一个人在屋里待着。实际上没什么事儿，人都是自己吓唬自己呢，放松点，睡吧！

这种语言模式忽略了孩子此时的感受，此刻孩子最想得到的是妈妈的保护和支持，需要的是一种安全感，而不是父母的亲身经历或心理体验。此时再多的语言也无法引起孩子的共鸣。

五、 侦探式

表现：如同侦探一般，家长极力想弄清楚事情的真相，盘问孩子各种细节。

结果：父母会淹没在事件中，只对事件本身进行回应，无暇顾及孩子的感受。

学期末最后一天，小志回家沮丧地说："我这次什么都没评上。"

妈妈：你们班谁评上了，她得了几票呀？成绩比你好吗？是不是你的演讲稿没准备好呀！

孩子：我就比黄某某少一票，都怪浩浩，他说好朋友用不着投票，他让我凭实力，可他要给我投一票的话，我不就选上了吗？

妈妈：那也不一定呀，这不能怪别人的，下次好好努力吧！

这种语言模式忽略了孩子因没有被评上优秀，对自己的能力感到怀疑的无助感，在对自己能力的怀疑中，孩子会否定自己，会不接纳自己。

六、 贴标签式

表现：贴标签的家长喜欢给孩子命名，认为只要把孩子身上的问题说出来了，问题澄清了，就可以得到缓解甚至解决。

结果：孩子被赋予消极的命名，他们会感受到被拒绝或者被批评，内心对父母产生敌对心理。

学校交饭费，老师都通知好几天了，小云的饭费还没交。最后老师让妈妈亲自送到学校去。

贴标签式：你总是丢三落四、糊里糊涂的。你记得什么呀！以后管你叫糊涂虫得了。

这种语言模式会让孩子认为我的确如此，我就是这样的一个人，丢三落四、糊里糊涂的。而不记得每个人都是独特的，都有自己的长处，一味地否定自己形成严重的自卑心理。

七、 巫师式

表现：如同巫师一般，父母仿佛能够预见将要发生的所有事情，并以预言的方式说出来。

结果：父母的这种发布预言的方式，把自己从和孩子平等对话的情境中剥离出来，推卸了自己帮助孩子的责任。即使家长说的话是对的，也可能会让孩子产生愤怒和抵触的情绪。

晚上睡觉前，孩子没有收拾好书包，当妈妈督促他收拾好明天上学用的东西时，孩子："明天早晨我早点起床再收拾吧，妈妈我困了！"妈妈："那你一定会落东西的！"第二天，孩子真的早起了五分钟，收拾东西、吃早饭、戴上红领巾、小黄帽上学去了，临出门前还得意地冲妈妈扮个鬼脸儿。妈妈长吁一口气，还好，他没迟到。妈妈收拾餐具，刷锅洗碗，扫完地准备出门。这时，电话响了。孩子："妈妈，您帮我把茶几上的回执单送学校来吧，老师说今天必须交！"妈妈："昨晚说什么来着，让你提前收，不收！都告诉你早晨收拾书包会落东西了！"

这种语言模式会剥夺孩子的自主性和独立性，父母什么都未卜先知，父母什么都是对的，自己只有服从，不服从就会出错。孩子在这种内心对话中能力发展的需求得不到满足，不仅失去掌控感，而且会变得依赖父母。

八、 刽子手式

表现：家长会让孩子发现，正是因为他们的行为导致了现在的困境，是"罪有应得""自作自受"的。

结果：当父母以"刽子手"的身份出现的时候，孩子多半感受到被指责。尽管往往这种指责是就事论事，是准确的，但是孩子依然会感受到父母对自己过于苛刻。因为当孩子陷于困境时，他们通常都很脆弱，此时他们需要的是帮助，而非指责。就好像当一个人掉水里时，我们要做的是把他救上岸来，而不是教他游泳。

在披萨店，等了半小时的小志和小云终于等到了餐位。肚子里的空城计唱了大半天了。他们迫不及待地点了两个披萨，各自要了一杯饮料，还有洋葱圈和炸鸡翅。一边的两位妈妈一个说："要慢点吃，吃八分饱就可以了。"另一个说："冷饮可不能喝得太快，会肚子疼的。"但他俩可管不了那么多，风卷残云般地又吃又喝。很快，他们打着饱嗝说："吃饱了，可以出去玩吗？""可以呀，刚吃完饭，别跑啊！"两个孩子出去玩去了。

半小时后，小云蔫头耷脑地说："妈妈，我肚子疼，玩不了了，我是不是得去医院呀！"

刽子手式："叫你慢点吃，冷饮别喝太快，吃八分饱，饭后别跑……你总不当回事儿，现在好了吧！玩不了了，回家吧！肚子疼一下也好，下次就长记性了。"

这种语言模式不能满足孩子对爱的需求，孩子肚子疼时最需要得到的是父母的关爱、安慰而非指责，孩子会在这种语言模式中习得严苛和冷漠，丧失爱的能力。

九、 礼品店主式

表现：如同礼品店的主人一般，家长不喜欢谈论不愉快的事情。他们措辞华丽、赞不绝口，想把孩子的问题尽量缩小化、安全化。

结果：虽然父母把问题藏在了"乐观"之下，但是问题依旧存在，孩子没有得到任何帮助，有时候还会由于这种安慰而放松警惕，忽视了直接处理问题对现实状况的帮助。

小云刚上一年级时，随便拿过一本带拼音的书，就可以毫不费劲地从头念到尾。家里人都觉得她好厉害，邻居也表扬她拼读特别快。妈妈也引以为豪。渐渐地，小云开始看没有拼音的故事书了，哇啦哇啦地读得很快，声音很大。直到有一次，她说"投计"时，妈妈实在不知道小云在说什么，拿过书一看，原来是"设计"，接着发现"倔强"读作"屈强"等，合着小云书读得快，原来是"秀才读字读半边"呀！

礼品店主式：轻描淡写地纠正了一下，应读"设计"，宝贝认识那么多字儿，念点儿别字儿也没什么呀！小孩子嘛，长大了就好了。

这种语言模式会误导孩子，并不能满足孩子对能力的需求。孩子大声地读书，是在显示自己的能力，是对自身能力的一种渴求。礼品店式的语言不但忽略了孩子的这种需求，反而让孩子产生读错字没关系，衍生犯点儿小错也没关系的想法。

十、 监工式

表现：如同监工一般，父母认为如果孩子很忙就会无法思考这些让人难受的问题。

结果：监工式的回应是在告诉孩子，目前孩子所苦恼的事情不如别的事情重要。这种做法会让孩子感受不到尊重，有一种被忽略的感觉。

"妈妈，李某某跟同学说我的坏话了，那同学都告诉我了。我不喜欢看见她跟别人嘀嘀咕咕的。"

监工式：让她说去，不疼不痒的怕啥？你去学校是念书的，管那么多做什么？

这种语言模式忽视了孩子对联结的需求，孩子希望和同学建立良好的关系。在这种语言模式下孩子会习得一种观念：为了远方的树，而不注意脚下的花，降低生活的幸福指数。

十种语言反应的共性在于忽略了孩子的感受和需求，当父母能够真正地放低姿态，理解和接纳孩子的感受，尊重孩子的权力，无条件地爱孩子、接纳孩子时就会自然地避开这十种不正确的语言反应，培养一个健康、阳光、积极、乐观的孩子。

第四节　理解与接纳的力量

无论在何时何地何种情况下，父母都要理解和接纳孩子的感受。尤其是当孩子做得不够好时，更需要父母理解和接纳孩子的感受，因为那个时候孩子对自己的接纳是有条件的，孩子内心充满了恐惧和焦虑，而父母的理解和接纳会给孩子一种安全感，会给孩子力量和希望。当父母理解和接纳孩子时，父母的心态是平和的，父母不再把自己的注意力放在指责、贬损孩子上，而是放在当下孩子的状态上，关注如何解决问题。孩子在这样的氛围中学会接纳自己、接纳他人，成长为一个内心充满爱、喜悦和平静的人。

一、　理解和接纳孩子的感受是解决问题的基础

当父母理解和接纳孩子的感受时，孩子不必为自己的抗拒行为埋单，也不必把精力花在逃避问题上，从而能够把注意力放在如何解决问题上。

比如，当孩子又一次忘记写记事时，父母接纳孩子懊恼的感受。

父母：哦，你不记得什么作业了，的确有些懊恼。

孩子：我打电话问一下同学吧，总问人家，都有点不好意思了。下次我一定要记得写记事……

但如果父母不理解和接纳孩子的感受，劈头盖脸地责骂。

父母：怎么又忘记写记事了？这是第几次了？就这么点儿破事儿总记不住……

孩子：我不是故意的，是在帮美术老师整理教室回去晚了，来不及才这样的。

父母：就知道给自己找借口！

孩子：我没有！

此时孩子就会想"我又不是故意的""以后干脆不告诉妈妈了""反正要挨骂，还不如不写作业让老师骂呢""爱咋咋地，我就这样"。从而带来孩子撒谎、逃避

责任、逆反心理等更多的问题。

二、 接纳孩子会给孩子带来安全感

邻居家孩子，今年刚刚十岁，常常丢三落四。

孩子：妈妈，我们明天要交书法作业，要比赛的，必须用宣纸，可是咱家没有了！

妈妈：那你怎么办呢？你用别的纸写，或者放弃这次机会！

孩子噘着嘴上床睡觉了。可是没有完成作业的她睡不着，担心明天到学校被老师批评。十点多时，她突然哇哇大哭，惊醒了不到两岁的妹妹，妹妹也跟着大哭。

妈妈特别生气。

妈妈：你总是这样，不提前跟家长说，商店都关门了，你告诉我要用宣纸。现在只能是你放弃这次比赛或者用别的纸替换，有什么好哭的！

孩子：老师会批评我的，我会失去这次比赛的机会的。

妈妈：别哭了！哭有什么用？再哭，你就出去！这么晚了，搅得四邻不安！

妹妹：别哭……别哭啦！说完，紧紧地抱着姐姐不撒手！不到两岁的孩子对恐惧的表达直接明了。

当父母不接纳孩子的行为，批评孩子时，孩子的注意力都在"我妈妈生气了，怎么办？她会不会打我呀！她要打我，我怎么办呀？"或者"又来了，我又不是故意的"等。孩子的脑子飞快地运转，神经高度紧张，但你说的话孩子可能一句都没听进去。

而当父母接纳孩子时，孩子的恐惧会消失。

比如，刚才邻居家的孩子要写书法作业没有宣纸的例子，如果家长接受孩子紧张、焦虑的情绪，换一种说法。

妈妈：那真是太糟糕了，你的毛笔字儿写那么好！现在怎么办呢？

孩子：我给书法老师发个短信，看明天写可不可以吧。下次我一定要提前准备！

然后发短信，安心地上床睡觉了。

只有在安全的环境中，孩子学习的天性才会显露出来，任何一次错误都是学习的极好机会，也只有在被接纳时，孩子的注意力才会转到学习上来，在体验中成长，自信、乐观、豁达的天性才会更好地得以展现。

三、　理解和接纳孩子的感受有助于孩子无条件地接纳自己

作为父母，没有不爱孩子的。然而父母对孩子的爱常常和自己对未来的恐惧掺杂在一起，把自己对未来的恐惧转化成对孩子的严加督导。再加上很多家庭只有一个孩子，父母什么都要给孩子最好的，什么都希望自己家孩子是最好的。因此拼命地督促孩子学习，一周七天被数学、英语、作文课安排得满满当当。很多父母不仅要督促孩子学琴、打球、下棋，而且还要求孩子压制自己的欲望和同学搞好关系……这种满载恐惧的爱附加了太多的条件。孩子常常会产生一种错觉"我学习好才是好孩子，我琴弹得好才是好孩子，我听话才是好孩子，只有这样爸爸妈妈才会爱我，我才会让爸爸妈妈高兴"。这种爱给了孩子太多的压力，孩子用挑剔的眼光审视自己，一旦自己做不到父母期待的那样，就会给自己贴上"坏孩子"的标签，破罐子破摔，很容易发展成为问题孩子。

但当父母无条件地爱孩子时，孩子透过我们的眼睛和心灵看到的是"我是可爱的，我是好的，我是值得爱的"，从而喜欢自己，接纳自己。孩子会在心里告诉自己"我是个好孩子不是因为我琴弹得好，而是因为我就是我，我是独一无二的"。

四、　理解和接纳孩子的感受会让孩子有好的感受

孩子的感受和他们的行为有直接的联系。一般而言，孩子感觉良好时充满了活力，积极阳光，行为自然也积极阳光。孩子良好的感受来源于父母对孩子的尊重、理解和接纳。对孩子而言感受就是一种事实，无所谓好与坏，但是当父母一味地否定孩子的感受时，孩子渐渐地会根据家长的说法去判断自己的感受，反而怀疑自己真正的感受。在这种感受错位当中孩子会感到困惑、沮丧和愤怒，感受就有了色彩。而当父母站在孩子的立场，理解孩子时，孩子的感受得到了尊重，孩子知道自己的感受是对的，他们不再困惑、沮丧、更不会愤怒，内心是和谐的，内心和谐的孩子行为也是和谐的。

五、　理解和接纳孩子的感受有助于孩子形成良好的人格

父母对待孩子的方式，会潜移默化地影响孩子的性格、人生观和价值观。孩子会以习得的方式对待自己的伴侣和下一代。因此，当父母把自己的成见放空，无条件地接纳孩子、喜爱孩子、尊重孩子、认可孩子时，孩子就会形成宽

容、尊重、积极、勇敢、充满爱的健康人格，不仅能提升自己的幸福指数，而且还会代际相传，造福子孙后代。

参考文献

1.〔美〕阿黛尔·法伯，伊莱恩·玛兹丽施．如何说孩子才会听　怎么听孩子才肯说．安燕玲，译．北京：中央编译出版社，2012.

2.〔美〕帕蒂·惠芙乐．倾听孩子：家庭中的心理调适．陈平俊，李美格，等，译．北京：北京大学出版社，2007.

3.〔美〕George M. Gazda，等．教师人际关系培养——教育者指南（第七版）．吴艳艳，杜蕾，陈伟嘉，译．北京：中国轻工业出版社，2006.

第三章　如何批评孩子才能听

在与孩子的日常交往中，父母似乎总在和孩子进行拉锯战。父母的要求和孩子的需求常常错位，父母常常让孩子做他们不愿意做的事，同时禁止孩子做他们想做的事。比如，在孩子看书看得津津有味时，父母会担心他们把眼睛看坏而要求他们出去玩；在孩子玩得满头大汗，兴奋地尖叫时，父母会叫他们回家吃饭、睡觉；在孩子困得眼睛都睁不开时，父母会让孩子弹琴、刷牙、洗脸……父母觉得孩子就是要管的，孩子不知道什么是好的，什么是不好的，孩子小不懂事。在这场拉锯战中，处于强势权威地位的父母把批评变成了家常便饭，几乎每一个父母都批评过孩子。然而作为父母是否想过：我们会批评孩子吗？批评的目的是什么？我们达到了我们的目的了吗？带着这些问题，我们一起讨论关于批评的话题。

批评，是指当孩子说错话、做错事时父母提出自己的意见或建议，是针对孩子的行为而采取的语言或行动。批评不是说教，不是责备孩子，更不是警告、辱骂或者惩罚孩子。批评的目的是在孩子说错话、做错事时给孩子提供帮助，引导孩子走出困境。批评孩子的目的是赢得孩子的合作而非对抗，是促进孩子的成长和亲子关系的改善。因此父母批评孩子时仍然要坚持和孩子沟通的五个原则：尊重与理解，支持与保护，分享，前后一致，无条件的爱。当父母能够站在孩子的角度去理解和尊重孩子时，孩子的内心才会被激活，才会主动地调整自己不恰当的行为。当父母保护和支持孩子时，孩子才会有安全感，才会信任父母，对父母敞开心扉。当父母愿意和孩子分享自己的成长经历时，孩子才会获得勇气和力量。当父母批评孩子前后一致时，孩子才知道怎么调整自己的行为，而不会无所适从。当孩子感知到父母的爱和接纳时，孩子才会远离恐惧，有安全感。

第一节　九种破坏性的表达方式

批评的目的不是让孩子恨父母，而让孩子感觉到父母对他的爱和关心，是父母对孩子合作的一种期待，因此批评应当是一种促进合作的表达方式。然而当父母看到孩子做错事时，父母的做法往往会指责孩子，进行滔滔不绝的说教，很少去想孩子做错事背后的原因。是不小心呢，还是觉得不公平？是不知道怎么做，还是考验父母的耐性？抑或是父母忽略了孩子，他只是想以这种方式引起父母的关注？父母的指责和说教不仅会把自己的关注锁在孩子所犯错误上，一叶障目不见泰山，而且也容易让孩子夸大自己的错误，进而产生"我怎么这么笨啊"或"我就这样你能把我怎么着"等不好的感受。

比如，"吃饭慢点儿，急什么呀？人家浩浩七点半才出门，你怎么天天七点十分就出门了？去那么早干什么？还不如在家待会儿呢！""下次你再把饭剩回来，家里就不给你准备零食了。中午饭都不好好吃，哪能行？""放学把你的书包放好，记得住吗？""洗个饭盆怎么这么费劲呢？""你又把巧克力的包装纸扔得到处都是！""别看电视了，快点写作业去！""不行……别……不可以"。

稍微留意，父母就会发现，即使是在孩子和父母相处时间很少的上学的日子里，父母仍然像复读机一样在孩子的耳边循环播放着指责、命令、唠叨、抱怨等这些极具破坏性的语言。批评是把双刃剑，恰当的批评确实能促进孩子改错，不恰当的批评就会伤害孩子的自尊心和自信心，会横在父母和孩子间密不透风，对亲子关系有破坏性的影响。

当孩子放学后又一次玩游戏，忘了写作业时，常见的不恰当批评方式有以下九种。

一、命令

爸爸：去！写作业去！

孩子的反应或者"写就写，等你走了我再玩"，或者心生不满，"你不也常常不帮妈妈干活玩游戏吗，凭什么说我？"或者三下五除二地胡乱把作业写完再玩。

二、指责

父母：你怎么又因为玩游戏忘了写作业呀？

孩子的反应或者"不就两三次吗？又没天天这样"或者"成天就知道批评我、指责我，我都没有做对的时候"或者"随便你怎么说吧，我就这样"。

三、讽刺

父母：不写作业，天天玩游戏，你的游戏一定是你们学校玩得最好的吧，花那么多时间还能玩不好？

孩子的反应或者"我又没有天天不写作业，为什么那么说我"或者"我玩游戏的时间又不是最长的一个，少见多怪"。

四、威胁

父母：总是这样不止你的成绩会下降，你的眼睛也会瞎的。

孩子的反应或者"我没有总这样，我的成绩我自己知道"或者"那么多人玩游戏呢，偏我的眼睛会瞎"或者"总是夸大其词，危言耸听，把我当三岁小孩子"或者孩子会想"以后还是少玩游戏吧，别真把眼睛玩瞎了"。

五、说教

父母：要先做最重要的事情写作业，再玩游戏。

孩子的反应或者"学习是你觉得最重要的事情，但不是我的，我不想成为活字典，移动图书馆"或者会认为家长落伍，"知不知道我们班同学在一起总聊游戏，我都快 out 了"或者"我觉得最要紧的事情就是我得合群，我不能让大家笑话我"。

六、警告

父母：下次再这样，我就把游戏机收走！

孩子的反应"下次再玩可千万不能让他们发现我没写完作业，我得先把作业糊弄完了再玩"。

七、唠叨

父母：你总是这样，管不住自己！跟你说过多少次了，要先写完作业再玩，你就是不听。记住要先做你必须做的事儿，然后做你应该做的事儿，最后才可以自由地做你想做的事儿……

孩子的反应或者是左耳进右耳出，不入心不入脑或者屏蔽掉父母的唠叨，等到父母问孩子父母说了什么时，孩子一句"啊?"气得父母七窍生烟，孩子也心生厌烦。

八、 比较

父母：你看人家浩浩，每天都是写完作业才玩！

孩子的反应或者"我又不是浩浩!"或者"你总觉得浩浩好，什么都是浩浩好，让浩浩给你当孩子得了"。

九、 预言

父母：像你这样，以后成不了大器，我看也就扫大街还差不多。

孩子的反应或者"扫街就扫街，扫街有什么不好，我开着清洁车满城转悠，挺好的"或者"我游戏玩得好，卖游戏币照样可以养活自己"或者"你学习那么好，现在不也一样朝九晚五地上班，到头来不也是白领工资的月光族吗"。

以上九种批评孩子的语言缺少对孩子的理解和尊重，没有把孩子当成一个独立的个体。一个内心有着未被满足的需求的父母，多的是刻板的命令，无法在孩子内心引起共鸣；少的是对孩子的爱和无条件的接纳，无法教给孩子爱和接纳自己与他人。这种语言模式不但不会在孩子的内心引起共鸣，反而会激活孩子防御机制，如对立违抗、逆反、退缩等行为，无法达到批评的目的，赢得孩子的合作。

如果父母在孩子犯错误时，能够多一些尊重和理解，能够想到"没有谁愿意犯错，错误总是难免的"，能够从孩子的角度去看待孩子的错误或缺点，能够把每一次错误都看作孩子成长的学习机会，能够在指出问题的同时更多地关注孩子的感受和需要，能够从孩子成长的角度寻求问题解决之道，那么父母的批评就能够引导孩子把注意力转到如何解决问题上来，就能够赢得孩子的合作而非对抗，就能够促进孩子的成长，从而得到亲子关系的改善。

第二节　促进合作的表达方式

批评的目的不是让孩子恨父母，而是形成一种促进合作的表达方式。在亲子沟通的五个原则下，我们怎样说才能让孩子不再防御，与我们合作呢?

美国亲子专家阿黛尔·法伯和伊莱恩·玛兹丽施在著作《如何说孩子才能听怎么听孩子才肯说》中提供了五种技巧：客观地描述事实、给出信息、用简洁的语言、说出自己的感受、写便条。

一、　客观地描述事实

描述你所看到的，或者描述客观事实。例如，地上有巧克力包装纸，书包拉链开着，茶几上有奶渍，小鱼饿了。

这个技巧的好处在于客观的描述会让孩子把注意力集中在该做的事上，十岁左右的孩子已经具备了一些常识和规矩，他们往往知道该怎么做。客观地描述事实的关键在于不指责和抱怨，一定不要在描述前加上"你……"。比如，上述例子中一旦加上你字，就会变为：你看地上有巧克力包装纸，你的书包拉链开着，你看茶几上有奶渍，你的小鱼饿了。

孩子听到这些话的内心反应："我妈妈又在批评我，说我又把地弄得脏兮兮的了""说我又忘了把书包拉链拉上了""说我把茶几弄脏了""又怪我忘了喂鱼"……此时，孩子的注意力就会放在如何逃避惩罚上，而不会想怎么改进。

二、　给出信息

提示孩子怎么做。这是一个培养孩子习惯的过程。例如，睡觉前要刷牙，放学后先写作业，吃完水果果核要放到垃圾桶里，饮料里的添加剂太多了。

这个技巧的好处在于孩子能从父母的信息中获得很多生活的常识和技能，受用终身。该技巧的关键在于不要唠叨，同一个信息不要提示多次，否则孩子会怀疑自己，进而产生依赖心理。对于孩子已经知道的事情，父母可以采用第三种技巧——用简洁的语言。

三、　用简洁的语言

例如，下班到家一看孩子的书包横在门厅，此时父母只需说两个字儿："书包"，一般情况下，孩子就会很快地把书包放好了；当孩子在写作业走神时，或者玩起来时，父母只需要说"写作业"，一般情况下，孩子就会重新开始写作业；当父母发现放学后孩子的钥匙没有放在固定位置——挂在门后时，只需要说"钥匙"，孩子通常会把随手放在茶几上的钥匙挂在门后面；当孩子洗澡后把毛巾扔在浴缸里时，父母只需要说"浴巾在哪儿?"孩子会想起浴巾还在浴缸里，会把它晾起来。

这个技巧的好处是没有唠叨，不会让孩子心烦、抵触。该技巧的关键在于孩子具有一定的生活常识，和我们有一定的默契，知道我们简单的话语是什么意思。

使用该技巧特别要注意的是，简洁的语言里绝不能有孩子的名字，很多时候家长喜欢叫孩子的名字，然后下巴一撅，朝向横在门厅里的书包，或者眼睛看向横在门厅里的书包。此时，孩子虽然也会把书包放好，但是久而久之，我们的孩子就会把自己的名字和责备、不满连在一起，像巴甫洛夫实验中的那只小狗一样，形成条件反射，从而拒绝接纳自己，失去内心的和谐。

四、 说出自己的感受

父母下班回家，一出电梯发现孩子的书包横在电梯门口，父母的第一反应通常是，怎么又乱放书包，想指责孩子。此时父母只要停顿30秒，想一想是孩子的行为——书包横在地上让你很不舒服呢，还是孩子本人让你很不舒服，然后把自己不舒服的感受说出来，如"书包横放在地上，让我感觉很不舒服"，孩子通常会把书包放在平常固定的位置。

昨晚上没睡好，今天事情又多，下班时，妈妈感觉自己累得都快撑不住了。一进家门，偏偏孩子又很兴奋，不停地跟妈妈说东说西，妈妈第一反应是想不耐烦地跟孩子说："走开！"此时妈妈依然要停顿30秒，想一想是自己太累了还是孩子太磨人了，然后温和地告诉孩子："妈妈很累了，你过会儿再跟妈妈说，怎么样？"孩子通常会懂事地过一会儿再来。

今天下班回家时没看见孩子，晚饭都做好了，孩子还没回来。妈妈很担心，忍不住打电话找孩子，打了好几个电话，都没找着他，妈妈很恼火。妈妈的第一反应是等孩子回来非得好好地收拾他不可，不打招呼就玩到这么晚！此时妈妈要停顿30秒，冷静地想自己这么生气主要担心孩子呢，还是觉得孩子不听话？如果是担心孩子，那么面对回家晚，有些担心被骂的孩子，妈妈就会温和地说："回家没看见你，妈妈很担心。"这样孩子下次会给妈妈留个便条或者早点回来。

上述三种情形下，妈妈客观地说出自己的感受而非指责孩子，不仅能够达到和指责孩子同样的目的，更重要的是这种方式不会激起孩子的恐惧、担心、不满或者逆反等负面的感受，不会使孩子产生退缩、顶撞父母等不好的行为。得到了尊重的孩子，会主动地应对问题，积极地管理自己的学习和生活，进而提高自我管理能力。在被尊重的前提下，具有安全感的孩子可以专注于如何解决问题，而不是逃避惩罚。该技巧的关键在于以父母自身为核心客观地描述父母自身的感受。当父母不再指责孩子、不迁怒于孩子时，反而可以博得孩子的同理心，收获一个懂事的孩子。

五、　写便条

作为父母，每天都要经历跟孩子说很多遍放学后要放好书包、洗饭盆、写作业，但孩子还是常常把书包横在地上就出去玩了，饭盆也常常是第二天上学时，才急匆匆地捏着鼻子洗完，至于作业，几乎每天晚上都会要催促孩子写作业等这些让父母感到头疼的小事儿。但就是这些周而复始的日常小事儿，成了压倒骆驼的最后一根稻草，这些小事带来的负面情绪的叠加，常常让父母在教育孩子过程中从和风细雨般地润化到狂风暴雨般地蹂躏。然而孩子的这些让父母不可接受的行为却像蒲公英一样，不管父母怎么拔，还是开得遍地都是。父母屡屡对孩子大嚷但于事无补，孩子的行为仍没有太大的变化。

此时父母不妨试着在早上出门前给孩子留个便条"进门三件事：放好书包、洗饭盆、写十五分钟作业"，贴在进门后最显眼的地方。尊重和理解孩子，给孩子决定权，孩子可以决定先写作业还是先洗饭盆。得到尊重的孩子，一般会按便条上说的做。其他的便条，如"带饭费""今天是钢琴之夜哦！"等都可以起到较好的提示作用。

该技巧的好处在于便条比语言更清晰、明了，不仅不占孩子的"内存"，而且能给孩子一种被尊重的感觉。把主动权交给孩子，孩子需要通过自我管理去做便条上提醒的事情。该技巧的关键在于孩子主动性的调动和激发，便条的作用只是提醒，不具有监督功能，便条作用的发挥靠的是孩子的自觉性。

在讲述完促进合作的五种技巧后，我们来看以下案例。

孩子：妈妈，回执单签字了吗？

妈妈：我没有看见你的回执单呀！你带回来了吗？

孩子：我带回来了。

妈妈：拿过来我给你签字。

孩子就在书包里狂翻回执单。书包里的东西东一本、西一本地掉了出来，卷子乱七八糟，练习本大大小小的夹杂在一起。全然没有了秩序，这时妈妈心里的火噌噌噌地往上蹿。

通常情况下，妈妈的处理方式如下。

妈妈：你书包怎么乱得跟坟堆儿一样呀！跟你说过多少遍了，每天晚上都要把书包整理好，备齐第二天要用的学习用具，你就是不听话！

孩子：妈妈，我整理了，用着用着就乱了。

妈妈：我教过你多少次了，常用的东西放哪儿，不常用的东西放哪儿，每次用过后要放回原处！

孩子：……

妈妈一边训斥一边又给孩子收拾书包。书包收拾好后，终于找着了夹在一堆卷子里的回执单。

妈妈：下次再这样，我可不管了，就让老师批评你！

在传统的处理方式下，孩子可能会担心下次真找不着了，到学校老师会批评自己马虎；或许孩子会想"反正妈妈会给我收拾书包，找到回执单，让妈妈就骂两句吧"，然后下次依旧如此；或许孩子会觉得"反正我不用找回执单，不用收拾书包，你骂就骂吧，又不会真的不管我"。这种做法增强了孩子的依赖心理，削弱了孩子的自我决断能力、自我管理能力，造成孩子心理需求中自主需求和能力需求的缺失，不利于孩子的身心健康。

在这个案例中妈妈应当综合地运用上述五种技巧。

第一，客观地描述事实。

妈妈：书包里的东西很乱。

孩子：的确，我这就收拾。

第二，给出信息。

妈妈：整理一下你的书包，说不定回执单自己就出来了。

孩子：我也是这么想的，英雄所见略同啊！

第三，用简洁的语言。

妈妈：书包。

孩子：我这就整理，顺便找回执单。

第四，说出你的感受。

妈妈：这么乱的书包，让我感觉很不舒服。

孩子：我马上收拾。

在这种情形下通常前四种方法都可以用，都可以达到让孩子整理好书包，同时找到回执单的目的。

妈妈：咱们得想一个办法，怎样才能找到你用的东西呢？如回执单。

孩子：我以后把回执单叠好放在笔袋的夹层里就不会找不着了。

妈妈：的确是这样。或者妈妈给你写个字条提醒你一下。

第五，写便条。

妈妈写下：整理好书包，重要的东西都放在一个固定的地方，递给孩子。

妈妈：把它放在笔袋内侧的夹层中，收笔时看看。

孩子：好的。这样至少我不会找不着回执单。

在这种促进合作的处理方式中，孩子主动地为自己凌乱的书包负责，始终是自己积极地想办法，他的自主性得到了充分的发挥，家长达到了与孩子合作的目的。

我们再看下面这个案例如何使用促进合作的五种技巧。

周六，小云、小志在屋里玩，妈妈打扫完卫生后，要到超市去买东西。出门前叮嘱孩子，注意安全。等妈妈买完东西回来，妈妈傻眼了：刚收拾完的屋子一片狼藉，地上堆满了纸屑，各色的纸飞机飞在了被子上、床上、茶几上、电脑桌上……

第一，客观地描述事实。

妈妈：我看到屋子里到处都是纸飞机哦。

孩子：妈妈，没想到你这么快回来。我们原打算在您回来之前收拾好的。

第二，给出信息。

妈妈：纸飞机不可以飞到我的床上和电脑桌上。

孩子：好的，这就收拾。

第三，用简洁的语言。

妈妈：纸飞机的世界？

孩子：不，整洁的屋子。我们马上收。

第四，说出你的感受。

妈妈：地上的纸屑，床上、电脑桌上的纸飞机让我感觉很凌乱。

孩子：我们已经做完了，并且试飞结束！这就收拾！放心，两分钟准能还原。我们出去玩纸飞机。

第五，写便条。

妈妈：屋子里很乱！为了避免类似事情发生，下次给你们写个便条提醒一下怎么样？

孩子：好的。折纸飞机时折着折着就忘了。有一个明显的便条提示应该会好很多。

作为父母，教育的目的在于培养孩子的进取心、责任心、主动性、幽默感以及与他人建立良好关系的能力。父母批评孩子的方式本身不仅决定了孩子对待错误的态度，而且还会成为孩子将来成为的那个人的一部分，代际相传。因此在保持平静、友善并尊重孩子的前提下，积极地帮助孩子学习如何以更恰当的方式对待错误，不仅可以解决问题，而且还可以把错误看作一次难得的学习机会。

正如学习一门新技术需要练习一般，赢得孩子合作的批评技巧也需要练习，需要在日常生活中，和孩子的互动中有意识地应用这些新的技巧，这样才可以更加自如地和孩子建立平等、尊重、合作的亲子关系。

练习

小云最近总是黏着妈妈，每天晚上非要妈妈陪着睡觉。

妈妈：为什么呀？

孩子：我一个人睡觉多孤单呀！

妈妈：那爸爸一个人睡觉也很孤单呀！

孩子：爸爸是大人！爸爸一个人睡觉不会害怕……

妈妈：可是小孩子都是在自己的房间一个人睡觉的呀！要不你去问问你的同学，看看别的孩子是自己睡觉，还是跟妈妈睡，然后你再决定好不好呀？

孩子：我不管别人，我为什么要看别人怎么样我才怎样呀！

妈妈怎么都说服不了她，接连几天都是如此，妈妈有些恼怒，这孩子究竟怎么啦？

客观地描述事实

妈妈：_____

孩子：_____

给出信息

妈妈：_____

孩子：_____

用简洁的语言

妈妈：_____

孩子：_____

说出你的感受

妈妈：_____

孩子：_____

写便条

妈妈：_____

孩子：_____

第三节　批评孩子六步进阶法

如前所述，批评不是说教，不是责备孩子，更不是警告、辱骂或者惩罚孩子。批评的目的是在孩子说错话、做错事时给孩子提供帮助，引导孩子走出困境；批评孩子的目的是赢得孩子的合作而非对抗，是促进孩子的成长和获得亲子关系的改善。因此当父母客观地描述事实、给出信息、运用简洁的语言、说出自己的感受或者写便条都不能赢得孩子的合作，都不能引导孩子走出困境时，父母可以尝试回到孩子生长的土壤上来，所谓适合孩子的才是最好的，从小到大孩子听得最多的就是父母的批评，父母不妨试试批评六步进阶法。

批评六步进阶法是屠荣生、唐思群老师在《师生沟通的艺术》中提出的关于批评学生的一种策略。该策略是在批评而不责备、对事不对人、进退有度、个别化处理、因人而异的五大原则的基础实施的。

第一步反省内心对话是否正确；第二步切入话题，伺机说明批评的理由；第三步提出明确中肯的批评；第四步请孩子提出解释；第五步请孩子建议如何加以改进；第六步总结孩子承诺的行动。

比如，当孩子又一次忘了写记事在屋里急得团团转时，在理解孩子的基础上，父母可以尝试以下步骤。

第一步，反省内心对话是否正确。

父母：虽然孩子已多次忘了写记事，但我可以再好好地说服他，不必发火。

第二步，切入话题，伺机说明批评的理由。

父母：孩子我想跟你谈谈怎样才记得写记事的事儿。

第三步，提出明确中肯的批评。

父母：我觉得你常常忘记写记事的表现是不好的。

第四步，请孩子提出解释。

父母：你自己注意到了吗？为什么？

第五步，请孩子建议如何加以改进。

父母：你认为怎样可以记得住？你认为我该怎样帮你？

第六步，总结孩子承诺的行动。

父母：那么你答应以后会……或者下次会……

六步进阶法中每一步的实施依然要遵循亲子沟通的五个原则：尊重与理解，支持与保护，分享，前后一致，无条件的爱。

一、 反省内心对话是否正确

父母批评孩子时要避免随意性，应有一定的准备，哪怕几分钟也好。重点是思考自己的内心对话是否正确，是否遵循了亲子沟通的几个原则。

试对比下列父母内心的对话。

正确的：小云又忘记写记事了，这让我觉得很失望，但还不至于无法收拾，我要指出她的错误并让她改进，同时我必须保持冷静。

错误的：这孩子太可气了，总是忘记写记事，老给同学打电话问作业，真寒碜人。这次我得好好收拾她一下！

正确的：自从上次跟她谈过话后，她很少忘记写记事了，今天怎么啦？难道有别的事情耽误了吗？

错误的：就写记事这点破事儿，跟她说那么多遍都记不住。这孩子是不是傻呀！

正确的：我得跟孩子一起想办法，帮助孩子解决这个问题，不然总是打电话问同学，麻烦别人不好。

错误的：这孩子真没责任心，自己的任务都不记。要再忘了写记事，就让她完不成作业，去学校让老师当着全班同学的面儿批评她才能长记性！

二、 切入话题，伺机说明批评的理由

可能的话，先问问孩子在学校发生了什么事儿，以免误会孩子。但一旦切入话题，就要直指问题的核心，父母可以试着从以下几个角度来说明批评孩子的理由。

首先，指出孩子的错误对父母的影响。比如，你总是不写记事让妈妈很担心，

心情也很烦。

其次，指出孩子的错误给孩子自身造成的影响。比如，忘记写记事会影响你完成家庭作业的，让你总觉得有事儿没做完。

最后，指出问题是如何发生的。是你没时间写记事吗？还是忘了呀？

三、 提出明确中肯的批评

句子应以"我"开头。比如，我觉得你总忘记写记事，是因为你……我感到很失望，因为你……我对你今天的做法很不满意，我觉得你忽视了……

在批评孩子时眼神要注视着孩子，让孩子觉得这件事情很严肃。

四、 请孩子提出解释

这是进一步来说服孩子接受父母批评的积极的办法，询问孩子没有写记事的原因，避免孩子觉得所有的事都是父母说了算，自己没有受到尊重。同时孩子的解释会让父母修正自己批评，使得批评恰到好处，孩子更容易接受。或者了解到今天孩子没有写记事确实是事出有因，如帮美术老师打扫教室后回班就放学了，确实没时间写记事。

五、 请孩子建议如何加以改进

到这一步时，父母要鼓励孩子说出自己的改进意见，根据孩子的特点，此时父母的语言大致有以下几种。

鼓励型。你有什么好的办法吗？这种方法对于自觉性较强的孩子适用。

建议型。你说说我可以怎么帮你？我的建议你觉得怎么样？这种方法适用于能力和自觉性中等的孩子。

帮扶型。我如果这样帮你改进，对你是否有帮助？我会这样来帮助你，你同意不同意？这种方法适用于能力和自觉性较差，需要家长具体帮助的孩子。

在这个环节中，如果孩子真的向家长提出了一些要求，期望家长做适当的改变。对此家长要有适当的思想准备，但不应纠缠于此，重点还是转向孩子的行为。

六、 总结孩子承诺的行动

这是最后一步，也非常重要。因为一般的父母对"不该有的"行为往往说得很多，对"该怎样做"却表达得很模糊。

首先，重复检讨上一步对方提出的改进意见，确定它们的可行性。常见的句式有：那么，你答应以后一定会……所以你下次会……你确认，你的计划是……你的意思是……

其次，再次明确彼此应尽的义务。常见的句式有：你将会……做，而同时爸爸妈妈也会……地帮助你。

最后，向孩子说明此次批评的严肃认真性。常见的句式有：爸爸妈妈希望你对今天所讲的话负责，我们会经常检查督促你的；过一个星期我们会看看你的计划执行得如何。

这类话主要是让孩子明白，以后爸爸妈妈会继续观察自己的改进努力情况，以使孩子更加谨慎地行事，不至于把父母的批评当成耳旁风。最后，父母最好及时整理和孩子的谈话内容，简单地记录一下，这样一步一步地记录孩子成长的足迹，简单有效。

六步进阶法的实施依靠的依然是父母对孩子的理解和尊重，是父母对孩子的支持和保护，是父母对孩子无条件的爱和接纳。在这个大前提下，父母才能慢慢地触及孩子的心灵，满足孩子的内心需求，逐步引导孩子走出困境。

例1

小云写着写着作业，发现记事本上没有记英语作业，向妈妈寻求帮助。

孩子：妈妈，我又忘记写记事了。

第一步，反省内心对话是否正确。

小云又忘记写记事了，是让我觉得很失望，但还不至于无法收拾，我要指出她的错误并让她改进，同时我必须保持冷静。

第二步，切入话题，伺机说明批评的理由。

妈妈：你没写记事不仅让妈妈很担心你，而且自己也没法写作业呀！是不是又忘了？

孩子：我的确是忘了。

第三步，提出明确中肯的批评。

妈妈：我感到很失望，是因为你又一次忘了写记事！你忽略了写记事和写作业一样都是责任心的一种体现。

孩子：我知道了妈妈。

第四步，请孩子提出解释。

孩子：不过今天我忘记写记事有原因的。美术老师让我帮她打扫美术教室，我走的时候作业还没写在黑板上，回来时又赶上了放学，没时间了。

妈妈：这样啊！的确我们赶时间时是会忘掉一些事儿。

第五步，请孩子建议如何加以改进。

妈妈：那怎么办呢？

孩子：其实老师上完课就留作业了，只是我没记而已。我们都习惯了放学时抄记事。以后我可以在老师留作业时就赶紧写在记事本上，这样就不会忘了。

第六步，总结孩子承诺的行动。

妈妈：你是说以后你都不会忘记写记事了，是吗？

孩子：是的，妈妈。我也觉得老问同学作业不太好。我担心大家会说我是糊涂虫呢！

妈妈：你将会在老师留作业的时候及时写到记事本上，是吗？

孩子：是的，妈妈。您可以每天查看我的记事本的。

妈妈：好的，那我就时不时地看一下你的记事本，督促你一下。

孩子：好的，妈妈。

例 2

你给小云和小乙两个人每人买了一个奇趣蛋。刚出商店她俩就急不可待地打开包装，不吃巧克力，只玩儿里面的玩具。

小乙：我的玩具是个动画，你看把画片卡在架子上，用嘴一吹，就会看见一只猫在鱼缸边抓鱼吃。

小云：我的玩具是一条紫色的响尾蛇，蛇头高昂着一晃还可以发声。咱俩交换行吗？

小乙：可是我也很喜欢这个动画玩具呀！

小云：那你的奇趣蛋还是我妈妈给你买的呢。

小乙：那我也不想换。

小云：妈妈您再给我买一个吧？

妈妈：再买一个奇趣蛋也不能保证里面的玩具就是你想要的呀？

小云就是不让步，哭闹着坚持要再买一个……

第一步，反省内心对话是否正确。

小云这么哭闹的确有些让我没面子，足见她有多喜欢奇趣蛋里的动画玩具了。她可能觉得自己很委屈，我妈妈买的奇趣蛋，巧克力让小乙吃，她只要玩具小乙都不肯。如果我批评她，她肯定更受不了。我想她过一会儿会好的，我要冷静，不能被孩子的哭闹带跑。

第二步，切入话题，伺机说明批评的理由。

妈妈：你很想要一个里面有动画玩具的奇趣蛋。

孩子：是的，妈妈。我很想要。

妈妈：我们再买一个奇趣蛋里面一定会有动画玩具吗？

孩子：那倒不一定。

第三步，提出明确中肯的批评。

妈妈：我感觉你想要的只是动画玩具，而不是奇趣蛋，对不对呀？

孩子：嗯……是的。

妈妈：那你哭着让妈妈给你买奇趣蛋就不合理了，因为你想要的并不是奇趣蛋呀！

第四步，请孩子提出解释。

孩子：是倒是。可是小乙的奇趣蛋是妈妈给买的呀，她又没花钱，凭什么不跟我换？

妈妈：红华阿姨送你的翻斗乐，小志再拿回去的话，你愿意吗？

孩子：不愿意。可我真的很想玩动画玩具。

妈妈：那怎么办呢？

第五步，请孩子建议如何加以改进。

孩子：我问问小乙可不可以和她一起玩？

妈妈：好主意。快乐不是占有得多而是体验得多。

孩子：其实这个动画玩具我可以自己做的。我当时就是觉得妈妈对别人比对我好，所以才生气的。

第六步，总结孩子承诺的行动。

妈妈：这样啊！看来妈妈做得不好，让小云吃醋了？

孩子：也算不上。主要是我觉得我妈妈给买的东西，就得我先挑。

妈妈：这样啊？那现在呢？

孩子：我可以和小乙一起分享或者自己做一个。其实我的响尾蛇也不错，很漂亮的，还不怕摔。

妈妈：你是说你可以和小朋友一起分享玩具或者自己做一个？

孩子：是的，妈妈！

六步进阶法源自学校教师批评学生的策略，因此在父母使用时要结合孩子的特点灵活选用，并非必须按部就班地六步都用。不管是六步进阶法还是促进合作的表达方法，父母始终要记住批评不是目的，目的在于收获一个健康、快乐、活泼的孩子，目的在于促进孩子合作，改善亲子关系。

参考文献

1.［美］阿黛尔·法伯，伊莱恩·玛兹丽施.如何说孩子才能听　怎么听孩子才肯说.安燕玲，译.北京：中央编译出版社，2012.

2.屠荣生，唐思群.师生沟通的艺术.北京：教育科学出版社，2011.

第四章　如何表扬孩子

关于表扬，父母并不陌生。"良言一句三冬暖，恶语伤人六月寒""好孩子是夸出来的"，著名心理学家詹姆斯也说过："人类本质中，最殷切的要求是渴望被肯定。"那么究竟什么是表扬？表扬又有什么作用呢？

表扬是对别人好的行为或表现给予鼓励、肯定和赞扬。父母表扬孩子时，或有意或无意都是想让孩子去做他们希望的事情。表扬应该具有一种能量转换的功能，恰到好处的表扬能改变一个人的行为。当孩子获得父母的表扬时，孩子就会感觉到父母的支持和鼓励，从而增强了自我价值，变得自信、自尊，获得一种积极向上的动力，并尽力达到父母的期待，以避免父母失望，从而维持父母支持的连续性。

按照表扬的内容一般可以分为评价性表扬和描述性表扬。评价性表扬是指表扬孩子时从孩子所做事情结果的好坏、优劣出发，对孩子进行的一种笼统的表扬，如"你真聪明""你好棒啊""你真是个好孩子"等。描述性表扬是美国两位亲子沟通专家阿黛尔·法伯和伊莱恩·玛兹丽施提出的一种新的表扬孩子的方法，在这种表扬中父母要描述具体的事件或者感受。比如，父母看到孩子把书桌整理得很整齐时说："你书桌整理得很整齐！"父母看到孩子满头大汗地擦地时说："你这么用力地擦地，地面擦得很干净！"等。

第一节　表扬的神奇魔力

这是一则古希腊神话故事。塞浦路斯的国王皮格马利翁是一位有名的雕塑家，他精心地用象牙雕塑了一位美丽可爱的少女。他深深爱上了这个"少女"，并给它取名叫盖拉蒂。他还给盖拉蒂穿上美丽的长袍，并且拥抱它、亲吻它，他真诚地期望自己的爱能被"少女"接受，但它依然是一尊雕像。皮格马利翁感到很绝望，他不愿意再受这种单相思的煎熬。于是，他就带着丰盛的祭品来到阿芙洛狄忒的神殿向她求助，他祈求女神能赐给他一位如盖拉蒂一样优雅、美丽的妻子。他的真诚期望感动了阿芙洛狄忒女神，女神决定帮他。

皮格马利翁回到家后，径直走到雕像旁，凝视着它。这时，雕像发生了变化，它的脸颊慢慢地呈现出血色，它的眼睛开始释放光芒，它的嘴唇缓缓张开，露出了甜蜜的微笑。盖拉蒂向皮格马利翁走来，她用充满爱意的眼光看着他，浑身散发出温柔的气息。不久，盖拉蒂开始说话了。皮格马利翁惊呆了，一句话也说不出来。皮格马利翁的雕塑成了他的妻子。

这就是著名的皮格马利翁效应，即期望和赞美能产生奇迹。日常生活中这种现象也屡见不鲜。

一位著名的心理医生，在超市购物时发现一位卖副食的小姐总是摆出一副冷冰冰的面孔。这位心理学家决定悄悄帮助她克服对人爱理不理的毛病。于是，他记下了她胸卡上的姓名，回去后按照她胸卡上的姓名，写了一封措辞热情洋溢的感谢信寄给她。信中写道："我是一位退休的医务工作者，每次来到超市，看到你的笑容，我就觉得自己的病减轻了许多。愿你的微笑长存，为每一位顾客带来欢乐。"这位小姐自从接到表扬信后，受到一种心理暗示，服务态度大变样，不但克服了对顾客爱理不理的毛病，而且看到顾客都以笑脸相迎。年终心理医生来调查时，发现这位小姐的照片贴在超市的"光荣榜"上。

一个美术学院的学生穷困潦倒地结束北漂，回到了家乡。他的高中同学见了他要烧掉的画儿，大加赞赏，说拿出去卖卖看，卖不出去再烧不迟。说也奇怪，这些画儿还真就卖掉了。高中同学说还有人买他的画儿，让他多画点儿，再试着卖，他就又画了一些，居然又卖掉了。虽然钱不多，但买颜料、画具、吃饭的钱还够。就这样，他画，同学卖……多年后，他的一幅画在国际比赛中拿了大奖，一举成名。当他去感谢高中同学时，同学带他来到了自己家的仓房里，在那里堆着他多年来的画作！

可见恰当的表扬不仅可以改变人的行为，还可以点燃人的希望，给人前进的动力。著名诗人莎士比亚说过："你希望别人有某种优点，你就赞美那人拥有你希望他拥有的优点。"对于成长中的孩子而言，表扬的作用更是不可估量！阿黛尔·法伯曾说过："如果父母对待孩子时，按照孩子已经是父母希望的样子那样对待他们，那么孩子就真的会长成父母希望的那样。"注意力就像阳光一样，父母注意什么，什么就会生长；父母忽略什么，什么就会枯萎。改变父母对孩子的看法，就会带来孩子行为的改变。借助表扬的魔力，父母不仅可以塑造孩子的行为，还可激发孩子的积极性和创造性，增添孩子克服困难、战胜困难的勇气，化解孩子心中的积怨，有助于父母和孩子间建立良好的亲子关系。

笔者曾经看到这样一个故事：一个多动症儿童，一分钟都安静不了。开家长会时，老师狠狠地批评了这个孩子。当孩子的妈妈回家后，面对孩子忐忑的询问："妈妈，老师都说什么了？是不是批评我了？"妈妈笑着回答："老师说你有进步了，现在都能在座位上安静地坐着了。"孩子听后，十分高兴，整整吃了两碗饭。

过了几年，孩子上了小学，成绩十分不好。开家长会时，家长听到的依然是孩子上课不老实，影响大家上课，成绩也不好。面对同样忐忑的孩子，妈妈笑着告诉孩子："孩子，你很聪明，已经超过了你的同桌。"

到了初中，又一次家长会。妈妈坐在下面，她习惯了自己的孩子被批评，家长会结束了，这次老师批评的人中居然没有自己的孩子。散会后，忐忑的妈妈去问老师自己孩子的情况，老师说："他要想考重点中学的话，费点劲儿。"妈妈忍不住哭了，为了这几年的坚持。回家，孩子问："老师说什么了？"妈妈高兴地回答："老师说你努把劲儿能上重点高中。"不久，孩子真就擦着录取线进了重点高中。

高中三年，孩子的成绩突飞猛进，成了学校的尖子生，最后，竟然考进了清华大学。

本只希望孩子健康成长的妈妈，面对忐忑的孩子总是间接地表扬他"老师说你有进步了，现在都能在座位上安静地坐着了""你很聪明，已经超过了你的同桌""老师说你努把劲儿能上重点高中"……

笔者身边有一个胖胖的邻家男孩儿，喜欢看历史故事，喜欢地理，一旦提起历史故事，他就能讲得头头是道，一提起学习就蔫头耷脑的。在学校常常因为完不成作业、考试不及格、违反纪律等被老师批评。家长看孩子在学校生活得很不开心，就决定给孩子换个环境——移民美国。到美国后，美国的同学问他中国什么样，这个孩子用磕磕巴巴的英语讲中国的历史故事、风土人情，边比画边夹着中文的英语居然被他讲得眉飞色舞。班上同学眼里除了对中国的神往外，更多的是对他讲解的赞扬。他看着同学渴望的眼神，讲得就更带劲了。后来，在一次学校活动中，音乐老师发现他有很好的声线，就跟家长建议让孩子学习唱歌。孩子也很愿意，就参加了合唱团，学习唱歌。他练习非常刻苦，在合唱团里表现很出色。渐渐地，孩子萌生了要考全美最好的音乐学院的念头。

本只是期望孩子健康成长的家长，看到孩子的进步，心里感慨万千。

真诚地表扬孩子的努力，长远来看可以带来孩子行为的改变，短期而言可以看到孩子灿烂的笑脸。正如欣赏一滴水的精致，你会看到整个蓝天；赞美一盆花的芬芳，你会拥有一季的绚烂；惊叹一眼清泉的灵动，它送给你满口的甘甜……世间万物，没有不喜欢被表扬的，芸芸众生，没有不喜欢被肯定的，然而像批评一样，表扬也是双刃剑，用不好同样会伤害孩子，扼杀天才。吉诺特博士也曾说过："称赞就像青霉素一样，绝不能随意用。使用强效药有一定的标准，需要谨慎使用，包括时间和剂量，因为可能会引起过敏反应。"表扬可能是天才的摇篮，也可能是天才的坟墓。究竟什么样的表扬是恰当的，什么样的表扬要不得？父母又该如何表扬孩子呢？本章我们一起讨论这两个问题。

第二节　几种不恰当的表扬方法

和批评一样，表扬也是亲子沟通，也要遵循亲子沟通的原则。理解和尊重孩子，站在孩子的角度表扬孩子，激发孩子积极的内部语言，把父母的表扬转化为自己对自己的奖励。因此，如果父母因为孩子的某一行为表扬孩子，这种行为父母认为是好的，但是孩子不这么认为，那么这种表扬通常会被孩子拒绝或否认。

比如，父母：你今晚的球打得真好！快赶上教练了。孩子：还不是教练让着我。父母：你的作文一定会成为学校里写得最好的。孩子：我可比不上某某。

这些含有对孩子评价的表扬不但不会引起孩子的积极内部语言，反而会让孩子认为父母不懂自己，觉得父母不就是希望自己把球打好，把作文写好吗？孩子内心会有一种被父母操纵或控制的感觉，加深了父母和孩子的隔阂，是不恰当的表扬。一般而言父母在表扬孩子时要避免以下几种情形。

一、表扬孩子很聪明

在和孩子的交流中，像下面这样的对话很常见。

孩子：妈妈，我们今天上数学课老师让我们玩九宫格了。

妈妈：是吗？那可不简单啊。

孩子：还好吧。我是我们班第一个完成的。

妈妈：宝贝真聪明！

在这种对话模式中，孩子自己内心的对话可能是："我的确很聪明，老师也这么说的""其实不是，就是老师在讲九宫格历史的时候，别人在叽叽喳喳对题目好奇的时候，我边听边想，比别人提前了一点而已""不过是我以前见过，对九宫格很感有兴趣而已"。

父母可以看到，在表扬孩子时，孩子的内部语言是很丰富的。孩子的这些内部语言的启动直接形成了孩子对自己的看法，影响孩子下一步的行为。

斯坦福大学的一个著名的心理学家德韦克曾用了十年的时间研究表扬对孩子的影响。该实验设计了四轮拼图测试，选择了四百名五年级的学生，分别进行测试。

第一轮的测试非常简单，所有的孩子都能出色地完成任务，但一半孩子得到的是关于智商的表扬——你在拼图方面很有天分，你很聪明；另一半孩子得到的是关于努力的表扬——你刚才一定非常努力，所以你表现很出色。

随后，孩子们参加第二轮测试，有两种不同难度的测试可选，他们可以自由选择参加哪一种测试。一种较难，但会在测试过程中学到新知识。另一种是和上一轮类似的简单测试。结果发现，那些在第一轮中被表扬努力的孩子中，有百分之九十选择了难度较大的任务。而那些被表扬聪明的孩子，则大部分选择了简单的任务。

接下来又进行了第三轮测试。这一次，所有孩子参加同一种测试，没有选择。这次测试很难，是七年级水平的考题。可想而知，孩子们都失败了。先前得到不同夸奖的孩子对失败的反应很是不同。被表扬努力的孩子认为失败是因为他们不够努力，他们在测试中都非常投入，并且努力用各种方法来解决问题，他们大多喜欢这个测验；而被表扬聪明的孩子认为失败是因为他们不够聪明，他们在测试中一直很紧张，抓耳挠腮，做不出题目就很沮丧。

接下来进行第四轮测试，这次的题目和第一轮的一样简单，那些被表扬努力的孩子，在这轮测试中分数比第一轮测试提高了百分之三十左右。而那些被表扬聪明的孩子，这轮的得分和第一轮测试相比，却退步了大约百分之二十。

试验结果表明：表扬孩子努力用功，会给孩子一个可以自己掌控的感觉。孩子会认为，成功与否掌握在他们自己手中。反之，表扬孩子聪明，就等于告诉他们成功不在自己的掌握之中。这样，当他们面对失败时，往往束手无策。

在后面对孩子们的追踪访谈中，德韦克发现，那些认为天赋是成功关键的孩子，不自觉地看轻努力的重要性。这些孩子会这样推理：我很聪明，所以，我不用那么用功。他们甚至认为，努力很愚蠢，等于向大家承认自己不够聪明。德韦克的实验重复了很多次发现，无论孩子有怎样的家庭背景，都受不了被夸奖聪明后遭受挫折的失败感。男孩女孩都一样，尤其是成绩好的女孩，遭受的打击程度最大。

德韦克在研究报告中指出：当我们夸孩子聪明时，等于是在告诉他们，为了保持聪明，不要冒可能犯错的险。这也就是实验中聪明的孩子的所作所为：为了保持看起来聪明，而躲避出丑的风险。

在这个著名的实验中，德韦克利用简单的两句话"你在拼图方面很有天分，你很聪明""你刚才一定非常努力，所以你表现很出色"来测试孩子对表扬的敏感性，结果也的确如预见的那样。

可见表扬孩子最重要的是激活孩子积极的内部语言，孩子对自己的肯定胜过父母的千言万语，表扬孩子可以掌控的努力胜过表扬孩子不可控的聪明。

二、 没有针对性

孩子兴奋地给你演示她花了很长时间折的纸飞机，纸飞机飞出去以后转一圈居然能回到自己身边，孩子给她的飞机起了个名字——回旋式纸飞机。

孩子：妈妈，看我的纸飞机！

妈妈：太棒了！我女儿手可真巧！

孩子可能很失望，心里想："我的纸飞机能转弯，我一直折一直折，这是我折了一星期才折出来的，我的纸飞机折得是我们班上最好的，我想让它怎么飞它就怎么飞，这些妈妈都不知道。看起来妈妈在敷衍我。"这些萦绕在孩子脑海里的话会让孩子很沮丧。

三、 以偏概全

韩非子曾说过这样一段话："刻削之道，鼻莫若大，目莫若小，鼻大可小，小不可大也。目小可大，大不可小也。举事亦然，为其不可复者也，则事寡败矣。"表扬孩子也一样，不能把话说得太满，要给孩子留有提升的空间。

比如，上四年级的孩子兴高采烈地拿着成绩单给你看，成绩单上鲜红的96分在那儿跳跃。

孩子：妈妈，我们班这次的最高分！

妈妈：哇！我女儿好棒啊！考了全班第一！真是妈妈的好女儿！

孩子会顺着你的思路推理：我考了全班最高分，因此我是好孩子，我很棒！如果我考得不好了，那我就不是好女儿了？就很差了？

这样直接地对品性的赞扬，就像汽车的远光灯一样，不仅让孩子感到不舒服，而且晃得孩子什么都看不见了。这种表扬容易让孩子把一件事的成败等同于整个人的成败，会让孩子认为自己十分完美，会使孩子在日常生活中经不得批评，在竞争中经不起挫折与失败。

以偏概全的表扬容易在孩子的头脑中形成一是一切是，一非一切非的错误观念，从而有条件地接纳自己，易造成孩子的低自尊或过高的自尊。

四、 明褒暗贬的表扬

孩子兴高采烈地拿着试卷给你看，试卷上鲜红的 96 分在那儿跳跃。

孩子：妈妈，我们班这次的最高分！

妈妈：96 分还第一？有什么值得夸耀的？

孩子：我又没夸耀，我只想和您分享一下我的喜悦而已，真扫兴……

妈妈：你终于考第一了，看你能坚持多久……

孩子：谁能保证次次考第一呀，我班某某那么厉害，这次不一样被我超了吗？

妈妈：真不错，那 4 分怎么丢的？考 100 分第一才保险耶！

孩子：妈妈怎么总盯着我的缺点，我都考最高分了，还挑我的毛病，连许老师都说这次考满分很难呢！算了，做得再好也要挨批，随它去吧……

这种表扬在孩子的内心激活的是孩子的不满、逆反等负面的对话，会引出孩子的不合作行为。

五、 带有预言的表扬

孩子兴高采烈地拿着试卷给你看，试卷上鲜红的 96 分在那儿跳跃。

孩子：妈妈，我们班这次的最高分！

妈妈：太棒了！再努把劲的话你会考全年级第一的！

孩子：我考第一，是因为正好我昨天看的内容老师考了！哪能总那么幸运？

妈妈：你的成绩一直都不错啊，妈妈相信你下次一定会考得更好！

孩子：太可怕了，这怎么像撑竿跳高运动员一样——练习那么多次，好不容易跳过去了，结果他们又把标准抬高了！这也太可怕了！

父母的表扬无形中却成了孩子头上的紧箍咒，给孩子带来很大的压力。

六、　盲目比较的表扬

孩子兴高采烈地拿着试卷给你看，试卷上鲜红的96分在那儿跳跃。

孩子：妈妈，我们班这次的最高分！

妈妈：你太棒了！这次都超过某某了。

孩子：某某也很厉害的，我俩就差0.5分而已！妈妈真是的，干吗要超人家某某啊？

妈妈：浩浩考了多少呀？

孩子：80分呢！

妈妈：那你以后少跟他玩啊，他不好好学习！

孩子：浩浩虽然分数不是太高，可是他进步最大，老师都表扬他了呢，妈妈什么都不知道，就会瞎说……要是下次我考80，浩浩考96呢？

妈妈：这样啊！

孩子：我要是下次考不好了，您会不会很生气啊！

上述的六种表扬属于评价性的表扬，这种表扬会让孩子感到不舒服、焦虑，让孩子很不愉快，会给孩子带来压力，使得孩子在成长中过于纠结，消耗孩子的精力。

父母需要学习一种新的语言，学会从孩子成长的角度去表扬孩子，给孩子动力而非压力。这种语言会激发孩子自我肯定的积极内部语言，而非自我贬损的消极语言。这种语言会让孩子变得勇敢而不是怯懦，自信而不是自卑。这种语言是火种，能够点燃孩子的憧憬与希望。

第三节　具有激励作用的表扬

表扬孩子依然是和孩子的一种沟通，依然要遵循亲子沟通的几个原则。父母说的每一句话，实际上包含了父母想表达的意思，父母能表达的意思，孩子听到的话，孩子心里产生的内部语言这四个部分。其中父母能表达的意思和孩子心里产生的内部语言的契合度决定了沟通的质量。因此父母表扬孩子时至少要考虑到两个部分：父母对孩子说的话，孩子从中得出的结论。

表扬是一种积极的沟通，是父母与孩子在愉悦的氛围里的一种交流，仍有沟通的几个成分。只有孩子把父母的语言内化为自己对自己的认识时,表扬才会展现其神奇的魔力。所以,父母表扬孩子时应该清晰地描述出,父母喜欢并欣赏他所做的事情,他的努力、成就、体验或创造,即描述性表扬。比如,父母看到孩子把书桌整理得很整齐时说,"你书桌整理得很整齐";父母看到孩子满头大汗地擦地时说,"你这么用力地擦地,我看到地面很干净"在这样的语言中,孩子从中得出有关自己的人品和性格的总体结论,即自我的积极评价。纳撒尼尔·布兰特说过:"一个人对自己的评价会直接影响到他的核心价值观和是否有积极的心态,自我评价还会影响到他的思维方式、情绪、希望以及人生目标,同时也影响到他的行为。"描述性表扬可以帮助孩子从一个不谙世事的孩子成长为一个有担当的人,从平庸的学生变成有能力的学生,从无法取得太多成就的人变为能够取得一定成就的人。描述性表扬通常有以下四个技巧:描述你看见的,说出你的感受,把孩子值得赞赏的行为总结为一个词,间接地夸奖孩子。

一、 描述你看见的

比如,当孩子兴奋地给父母演示他花了很长时间折的纸飞机时,父母看到纸飞机飞出去以后转一圈居然能回到孩子身边,孩子把它叫作回旋式纸飞机。

父母:哇,你的纸飞机居然能转一圈回到你身边,太神奇了!

孩子:那是呀,我花了很长时间试飞,一开始我只是希望我的纸飞机飞得时间长一些,后来我发现当我把飞机翅膀折得歪一点时,飞机会转弯,后来我一点一点地调,飞机就可以飞回我身边了!

父母点点头,微笑:这样啊,我第一次见到回旋式纸飞机呢!

孩子:这个很难的。我一直折,一直折,折了一星期才折出来的。现在我是我们班纸飞机折得最好的。

父母笑着告诉孩子:这,就叫耐心!

孩子的反应:我以后做什么事情都要耐心一些,耐心会给我带来愉悦。

当父母能够静下来仔细观察孩子的行为时,父母就会发现孩子好的行为。此时,如果父母能将父母看到的和感觉到的用语言表达出来时,孩子就会在心里对自己进行积极的评价"我真不错""我很勇敢""我很努力"等,孩子做起事来就越来越有信心,他获得的喜悦也越来越多。描述性赞扬有助于孩子对自己有全新的认识,帮助孩子看到仅靠自己永远也发现不了的自我层面。

二、　说出你的感受

孩子兴高采烈地拿着成绩单给你看，成绩单上鲜红的 96 分在那儿跳跃。

孩子：妈妈，我们班这次的最高分！

妈妈：这份试卷很难吧？

孩子：是呀！有两个小题我们都没见过，老师说六年级的做起来都很困难呢！

妈妈：那你实际上是拿了满分耶！整张卷子都不丢分，太不容易了，我都不一定能做到呢！

孩子：我检查了两遍呢！还有一个题是我运气太好了，两个答案我拿不准，蒙对了！

妈妈高兴地和孩子一击掌：为你的小运气击掌！

这种对话，通常不会让孩子因为这次考试成绩很好，而对以后的学习生活产生压力。

三、　把孩子值得赞赏的行为总结为一个词

孩子兴高采烈地拿着成绩单给你看，成绩单上鲜红的 96 分在那儿跳跃。

孩子：妈妈，我们班这次的最高分！

妈妈：你考了最高分，很高兴！

孩子：是啊！妈妈，这次考试题目不简单，某某才 94 分！

妈妈：看到你这么高兴，妈妈也很高兴！

孩子：妈妈，您知道吗？我早就想超过某某了，他一直都是我的榜样呢，超他一次好不容易！

妈妈用欣赏的眼神看着孩子：这就叫"勇气"！

当父母用赞赏的语气描述他看到的和他感受到的，孩子会觉得自己是被父母喜欢的，是被父母尊重和欣赏的，久而久之孩子就会形成积极、阳光、自信的良好品格，进而在以后的生活中会更有勇气挑战困难，不退缩，不逃避！

描述性的称赞以及孩子由此得出的积极推论，构建了孩子的精神健康。从父母的话中，孩子会有一个健康的、积极的自我认知，他认为在父母眼里我是好的，从而用好的行为去验证自己的看法，这种积极的镜像自我认知，会极大地决定一个人对自己以及周围世界的看法。

四、 间接地夸奖孩子

比如，当孩子兴奋地给父母演示他花了很长时间折的纸飞机时，父母看到纸飞机飞出去以后转一圈居然能回到孩子身边，孩子把它叫作——回旋式纸飞机。

妈妈高兴地给姥姥打电话：这孩子可能琢磨了，就我们小时候玩的纸飞机，他能折得飞出去转一圈再回到他身边！

孩子：姥姥，我花了很长的时间呢！

姥姥：你太能耐了！

对于孩子而言，这种表扬比直接表扬更容易接受，直接的、夸张的表扬会让人很不自在。孩子会在心里告诉自己：妈妈一定是真的觉得我了不起才会向姥姥夸我的。孩子的这种积极的推论会增强他的自信、乐观的积极情绪，有助于孩子对自我的接纳，形成健康的精神世界。

当父母用心地，一次次用欣赏的语调向孩子描述他独特的品质和能力时，父母就是在帮助孩子明白，在一个非常深的层次上，他的力量在那里，他自己是怎样的人。描述性的表扬可以直接对着孩子的心灵说话，开发孩子无限的心理潜能。当父母用描述性语言表达他们对孩子的赞赏时，孩子会重复不停地去做得到赞赏的事，这就是马太效应——好的越好。

例 1

妈妈带着小云、乐乐、小志去五彩城滑冰。他们三个轮滑都滑得不错。乐乐和小志以前来冰场滑过，小云第一次来。三个孩子进入冰场后，乐乐、小志很快就滑了起来。小云扶着冰场的边沿，一点一点地挪。乐乐、小志一圈一圈地从小云身旁经过，欢笑着你追我赶的。小云不为所动，还是一点一点地往前蹭。不一会儿，小志就滑累了，他离开冰场，喝水、玩、吃零食。乐乐也停下来，走出了冰场，只有小云还在那儿慢慢地练习，她的手已经离了冰场的沿儿，慢慢地、一点一点地，她开始滑了起来。这时，小志吵着要吃东西，妈妈只好带着小志去楼下超市买东西。回来时，妈妈看见小云已经在冰场的中央，和乐乐一起像燕子一样轻盈，你很开心。

妈妈：妈妈看见你耐心地练习，勇敢地尝试，妈妈离开时你的手刚离开冰场沿儿，这一会儿的工夫，你就滑得和乐乐一样轻盈了！

孩子：妈妈，刚开始我真不敢松手，冰刀鞋跟轮滑鞋感觉很不一样呢！

妈妈：是啊，妈妈上大学时滑过一次，有人扶着慢慢地往前滑，我还摔了一跤呢！后来就不敢滑了。

孩子：其实滑冰刀跟滑轮滑差不多，也是划葫芦刹车。我就是一开始不敢滑！冰面太滑了！

妈妈：哦！

孩子：后来试了几次，发现跟轮滑差不多，就豁出去了，大不了摔几跤，反倒放松了……妈妈，我现在滑得可以像乐乐一样了呢！

妈妈：这就叫"勇敢"。

例2

你今天身体很不舒服，下班后告诉孩子你需要休息一下，再做饭。然后就躺在了沙发上，九岁的孩子给你拿来小被子搭在腿上，又给你倒了半杯温水。她看着你喝过水后说："妈妈，今天晚上我煮点粥吧。"你不放心地地问："你会吗？""我见妈妈做过，我早就会啦！"孩子自信满满地说。

接下来，你听见孩子去厨房淘米的声音，接水、开火的声音。你叮嘱孩子："往左手边拧到头是最小火，开小火就成。""好的，妈妈！"孩子回答得胸有成竹。然后她给爸爸打电话："爸爸，妈妈今天不太舒服，你买馅饼回来吧，我煮粥了！"

妈妈：今天我第一次觉得孩子长大了，拿了小被子给我搭上，还给我倒来温水喝。自己淘米、打火煮的粥，还给你打了电话，太让我感动了！

孩子：我就是学着妈妈做的，每次妈妈不都是这样吗？

爸爸：孩子一不留神就长大啦，以后我们得像个大人一样对待她了。

孩子：我们班小乙去年开始就负责给家里打水了，他家饮用水、做饭用水都是他从饮水机那儿打的，很远的。

爸爸：以后你想做什么，跟爸爸说一声，只要是你力所能及的事儿，爸爸支持你做！

孩子：那我下次也想试试像小乙那样自己坐公交车去超市买文具！

爸爸：好啊！

父母对孩子第一次尝试的支持和鼓励，会带给孩子勇气和力量。在陪伴孩子的成长过程中，作为父母要多鼓励、勤反馈、客观地描述孩子好的行为，为孩子的努力和成绩举起一面镜子，孩子可以看到自己付出的努力和获得的成功。

例3

孩子放学回来说："妈妈，我今天排球自垫了80个，老师表扬我是进步最快的一个，没有之一哦！"

妈妈：你这学期才加入的排球队，一共才训练了6次，就可以自垫球80个了！我是老师的话，我也会很吃惊的！

孩子：老师也是这么说的。我们排球队自垫球最多的能垫100多个呢！他们是老队员啦，我会追上他们的。

妈妈：是吗？这么有信心？

孩子：当然，我会在他们玩的时候多练习练习，老师说我手感很好，个子又高，比较适合打排球。

妈妈：哦！

孩子：我很高兴我选择了加入排球队，我喜欢我们排球队，也喜欢打排球！

妈妈：有句广告语说得好呀——我选择，我喜欢！你选择了你喜欢的运动，这就叫"有主见"。

例4

看到同学在小区大石头上把自己的旧玩具、文具拿出来卖。十岁的小云也想把自己不用的玩具卖掉。她回家很快把自己的东西收拾一番，挑出了几样噔噔噔地跑出去了。你看见她兴致那么高，就没说什么。过了很久孩子没有回来，你忍不住到小区里去看看，结果发现她和那个同学一起，在小区儿童游乐场附近的大石头上一起摆摊，俩孩子边聊天边等顾客，你很放心便回家了。一个多小时后，孩子回来了。

孩子：妈妈，我的东西居然有人要，笑笑的没卖出去。

妈妈：谁买了你的东西呀？

孩子：一个带孩子滑滑梯的妈妈，她家孩子很喜欢我的肯德基的礼物，灰太狼头上顶着小灰灰从坡上一扭一扭地走下来那件。

妈妈：哦？

孩子：我看见那个孩子特别喜欢小灰灰，就便宜卖给他们了，送灰太狼和小坡！

妈妈：你很懂得小孩子的心思嘛！

孩子：我小时候就那样，怎么会不懂他们？那个阿姨特别好，我说小灰灰卖一块钱，那个阿姨觉得太便宜了，说小灰灰值两块钱，就给了我两块钱。我觉得小灰灰得和爸爸在一起，就把灰太狼送给他了，没有了小灰灰和灰太狼小坡也就没用了，就都给那个小孩儿啦！

妈妈：看得出来，你很高兴！

孩子：妈妈，我觉得我送给他东西时，心情特别好。

妈妈：这就叫"有爱心"。

父母在使用描述性表扬时通常也要注意：不能有意运用描述性表扬对孩子施加影响，使孩子重复做父母希望他们出的行为（或者改变孩子未来的行为）；要及时、真诚真实。

作为父母，在家里除了照顾孩子的衣食住行外，父母对孩子还有一项义务就是肯定他们"做得对"的事。如果说每个孩子心中都有一棵小树，这棵小树上会结出自信、勇敢、坚持、乐观、活泼、自我决定的果子，那么父母就要用肯定、鼓励、赞赏给孩子心中的小树播撒爱的阳光，用耐心、细心、坚持给孩子心中的小树输送养分，直到孩子心中小树长成参天大树。孩子成长为一个健全的人，到那时所有的灵感、力量和自我评价会与他同在。孩子才真正地成了一个独立的人——这是父母送给孩子最珍贵的礼物。

参考文献

1. ［美］海姆·G.吉诺特.孩子，把你的手给我.张雪兰，译.北京：京华出版社，2013.

2. ［美］阿黛尔·法伯，伊莱恩·玛兹丽施.如何说孩子才能听 怎么听孩子才肯说.安燕玲，译.北京：中央编译出版社，2012.

第五章 如何解决亲子冲突，培养孩子的自主性

第一节 亲子冲突意味着什么

亲子关系是世界上唯一不变的关系，朋友关系可以变，上下级关系可以变，甚至夫妻关系也可以变，但是亲子关系永远不会变。在某种意义上，良好的亲子关系是良好家庭教育的基础。

在家庭中，父母与子女的角色关系表现为两种情况，一种是在血缘关系上形成的自然角色关系，另一种是在后天交往中形成的家庭社会角色关系。自然角色是天然形成的，不可改变。但家庭社会角色则是后天形成的，可以改变。父母与子女各自扮演的不同角色，决定了其各自在家庭中所处的位置，也规定了其互相对待的态度。同时，在亲子之间如何看待自己和他人的角色，怎样扮演自己的角色等对亲子关系有直接的影响。由于亲子关系的这种特殊性，家庭成员之间角色期望水平比一般关系要高出很多，再加上青少年角色扮演能力较低及这一时期个性的敏感特征，使得亲子关系也更容易紧张，冲突也更加频繁地发生。正如著名的心理学家科塞所说："关系越亲密，冲突越频繁。"

有人说："当你有了孩子，你就有了问题。"这句话并非指孩子让我们成为问题父母，或是孩子一定会制造问题，而是意味着随着孩子的成长，父母必定会面临孩子形形色色的问题。以日常生活的作息而言，从孩子早上起床、穿衣、洗脸刷牙、吃早点、上学，到下午放学、看电视、吃晚饭、洗澡、上床睡觉等，就常让父母忙得团团转。如果再有功课不好、没有责任感、说谎、偷窃、叛逆等行为，更会使父母伤透脑筋。教育孩子的过程中存在很多困惑，面对孩子的磨蹭、不爱学习、自控能力弱、注意力不集中、胆小不自信等，父母用尽各种办法，不但效果不显著，而且还导致亲子关系紧张。

亲子关系是心理距离最近的，但是最近的关系也是最容易产生冲突的，因为心理界限在亲近的关系中最容易模糊。尤其随着孩子的长大，有了自己的主见，亲子冲突的情形会越来越多。

强强进入七年级了，总觉得妈妈太唠叨，妈妈每天反复叮嘱强强要做作业、看书、学习。就这几句话要讲上半天，强强觉得烦人，不想听。爸爸又不通情达理，每次考试不仅不对他进行具体指导，而且对他的期望值很高，要求他考到全年级前5名，达不到指标就要给他脸色看，轻则骂、重则打。强强考试多次失败也都不以为然，反正骂过打过，一切照旧。于是家庭当中就出现了你讲你的、我做我的，各行其是的局面，这令父母很生气，家里经常是充满火药味。

上高一的学生小红这次期末考试没有考好，自己非常伤心难过。回到家里妈妈看到小红的英语卷子只考了59分，就愤怒地斥责小红："你瞧瞧人家隔壁的丁丁，你跟他一个班，人家怎么就考90多分，你怎么就考这么少？你平时是怎么学的呀？整天就知道贪玩，看小说，不学习，现在分数出来了，就知道哭，哭管什么用，一点出息都没有。"小红每每犯错，都要承受妈妈沉重而冗长的责骂。

廖某就读于北京市某重点高中，据廖妈妈讲，儿子乖巧懂事，从小学到高中一直是班里的"尖子生"，从来没让父母操心过。可是从高二起，他突然着魔一样迷上了电脑游戏，学习成绩一落千丈，家长软硬兼施都没有效果。如今孩子面临高考，家里人都为他的前途发愁。

亲子冲突是孩子成长过程中不可避免的产物。一方面，随着年龄的增长，孩子寻求独立自主的倾向日益增强，他们希望从父母那里得到更多的权力；另一方面，父母仍然将他们看成未长大的孩子，害怕权力的给予会导致孩子出现各种各样意想不到的问题。因此，父母仍然将权力控制在自己手中。这两种倾向增加了青少年与父母发生冲突的可能性。

亲子冲突属于一种人际冲突。引发人际冲突的诱因是多种多样的，当相互关联的人在态度、动机、价值观或实际行动等方面存在不一致或不相容时，人际冲突就发生了。可以将亲子冲突理解为在亲子交往中发生的，亲代与子代之间的紧张、不和谐、敌视甚至斗争的关系。亲子双方作为不同的两代人，彼此的心智学识、经历等方面有着较大的差异，在对事物、问题的理解、感受等方面必然存在差异。因此，亲子冲突难以避免，它实际上就是多种亲子互动状态中的一种类型。要想更好地减少亲子冲突，必须先弄清亲子冲突的特点与影响因素。

首先，青少年期亲子冲突的频率和强度都处于一个比较低的水平。

其次，青少年围绕学业、日常生活安排和家务与父母发生冲突的频率和强度都是最多的，而围绕隐私发生冲突的频率和强度都是最少的。

再次，青少年与父母冲突的主要形式是言语和情绪冲突，占 50% 以上，而与父母发生身体冲突最少。

最后，青少年在解决亲子冲突时使用最多的是回避策略，使用最少的是第三方干预策略。青少年为什么喜欢使用回避策略呢？是因为他们觉得自己无法说服父母改变他们已经决定的事情，他们不想因为与父母的冲突而伤害自己与父母的感情。

亲子冲突具有两面性，冲突可以使家长和孩子疏远，也可以使他们亲近，结为更加紧密的联盟；它既可以导致家庭战争，也可能会带来更深的相互理解。孩子无论是因为哪种原因而使用回避策略，虽然会暂时平息亲子冲突，但是问题其实依然存在。

很多父母都有这样的抱怨：孩子越大离他们越远，有话也不肯和他们说，更别想知道孩子的心里在想什么了。比如，下面这一段儿子和妈妈的对话就可以说明一些问题。

儿子：妈妈，对不起！

妈妈：发生什么事了，来！告诉妈妈。

儿子：我不敢，因为你会生气。

妈妈：不会！妈妈保证不生气，快！好乖！跟妈妈说，发生什么事了？

儿子：今天我和李某某打架，被老师处罚扫一个礼拜厕所，老师还说要打电话告诉你。

妈妈：什么？你又和人家打架，你怎么那么不听话，开学才多久，已经跟多少人打过架？你是想气死妈妈才高兴，是不是？

儿子：你不守信用，说好不生气的，还骂人。

妈妈：自己做错事还顶嘴。

儿子委屈地跑回自己房间，客厅里留下气急败坏的妈妈。

在一次亲子拓展活动时，孩子在玩"情绪管理闯七关"的游戏。多位孩子抽中"心里有快乐的事，如何处理？"他们的回答是最想和好朋友分享。当"心里饱受委屈时，怎么办?"而"放在心里"居然是多数孩子的共同心声。当辅导员加以引导时，他们才勉为其难地表示可以找个人来说。然而这个人多半不是他们的父母，再细问下去，孩子竟几近无奈地坦白说："跟他们说也没有用。"

这不禁让我们思考到，是否父母在孩子刚打开话匣子的时候，就用我们手中的权力搪塞孩子想说的话。孩子一次又一次地被打断，内心想说的话被阻挡，时间久了，自然而然幼小的心灵将封闭与父母的心灵对话。

通常，父母在与子女沟通时，虽然很想了解子女内心的感受，很想接纳孩子的情绪，但是，传统的角色常常造成亲子间沟通的障碍。

因为，在我们的成长背景中，没有人教过我们如何正确地处理我们的情绪。因此，我们错误地认为失望与恐惧的心情是不应该的、不好的。

传统中对于情绪的处理共有两个法则。一是压抑，二是发泄。压抑产生的自残现象时常可见。发泄则是将点的战争扩展到面的战争，甚至对别人产生情绪性的攻击伤害。

很不幸的是，当孩子对我们表示出这种负向情绪时，父母通常不知道该如何处理，于是在困惑中，我们就扮演了下列角色。

第一，指挥者。这类型的父母喜欢控制所有的事件，并且企图扭转一切负向的情境。面对哭泣的孩子，会自然地警告孩子说："不准哭，不准再哭了! 再哭就……"

面对挫折、悲伤的孩子，这类型的父母常使用命令、指挥和威胁等工具，以保持其优势地位。最常见的例子是："这是你对父母的态度吗""我警告过你很多次了，不准玩游戏""如果你再被老师批评，我就把你赶出去""打电话不要那么久，不然我把电话停了"。

第二，说教者。说教者是一个"应该主义者"，时常在与孩子的交谈中有意无意地流露出"你应该这样""不应该那样"。最常见的例子是："你都五年级了，应该懂事了""你是大哥，不应该为了一点小事和弟弟争得面红耳赤""你是哥哥，应该让着妹妹""你不应该这样，这种行为是不对的"。

第三，万能者。这种父母会表现出一种无所不知、无所不晓的态度，很喜欢替别人解决问题。喜欢向孩子炫耀他们丰富的人生经历，采取的沟通方式通常是：说教、忠告、教训。他们的目的是要子女认为他们是如何优越。例如，"看嘛! 我说的没错吧!""用用你的大脑，好好地想一想吧!""想当年，我在你这个年纪就……"。

第四，审判者。这些父母甚至不经审判就已宣告孩子有罪，其目的是想证明自己永远是对的，而错的永远是孩子。最常听的实例是："成绩这么差，一定是你不用功""不要再说了，照我说的去做就不会错""一定是你先动手打人的"。

第五，批评者。就像审判者、说教者、万能者一样，担任此种角色的父母最喜欢以苛刻的标准来挑剔子女的行为，并且用嘲笑、讽刺、诽谤和开玩笑的方式来压制孩子的欲望。例如，"你以为你长大了吗？翅膀硬了，想飞啊""你以为你是谁啊""啊！天啊！这是我儿子吗"。

第六，心理分析者。如同一位心理学家般地发觉、分析、诊断孩子的种种问题，并且将问题的原因推在孩子身上。例如，"问题在于你对自己缺乏信心""你为什么会选择这种落后的方法呢""我想你太在意别人的看法了""我觉得你又在胡思乱想了"。

第七，安慰者。这类型的父母会以轻松的方式处理孩子的情绪，以避免自己卷入其中，如轻拍孩子的背、草率地安抚等，而在困难重重时，却伪装成一切都没有问题，这就是父母对孩子忧虑、焦急情绪的回应。例如，"放心啦！不会有事的""别担心，天塌下来有高个儿顶着""人生不如意十之八九，何必这么在意呢""这是上天给你的考验，加油吧"。

以上七种传统的父母角色，会在亲子互动中，反复地指出问题的来源都是孩子造成的，这几种方式不但无法疏解孩子的负向情绪，反而增加了孩子的压力。

这样的方式非但不能为父母与孩子建立起开放式、鼓励性及建设性的正向沟通，反而会扼杀孩子表达的勇气，更重要的是这些错误的沟通模式，严重地剥夺了孩子做决定的学习以及为自己行为负责任的机会。

我们可以看出绝大多数的家长都会用上述对话方式跟子女沟通，当今绝大多数父母把对孩子的教养问题看作严格或宽容、强硬或柔和、独裁或纵容的问题，由于他们陷入了这种非此即彼的教养方法，因此家长往往把他们与孩子的关系看作是一场权力斗争，都是用谁赢谁输来考虑问题。当家长与孩子发生冲突时，家长往往会用对自己有利的方式解决冲突，以便让自己获胜，让孩子失败。而另一些家长会在亲子冲突中，害怕与孩子发生激烈的冲突或者害怕孩子的需求得不到满足而不得不向孩子屈服。当今的家长陷入的一个主要的困境就是，他们只看到这些非赢即输的方法。

每年都有不少家长因为孩子沉迷于上网或看电视等行为而感到困扰，不知如何引导。例如，王女士有个 15 岁的儿子小杰，上初中不久就迷上了上网。"现在小杰每天不上网就难受，吃饭、睡觉都不规律，成绩也下滑了"。父母为此事都很着急，王女士和丈夫工作都很忙，无暇管理孩子，老人又管不了儿子的网瘾。这件事让王女士全家都很头痛，不知道如何去引导儿子走出网瘾。

当孩子跟家长说要上网玩一会儿时，家长会怎样与孩子沟通呢？这可能是每个家庭都会遇到的情况，假如你是孩子的家长，你会怎么回答孩子呢？

方式一

儿子：爸爸，我想上网玩一会儿。

爸爸：上什么网，你的学习还没有学好呢！

儿子：上网对我们中学生学习知识很有帮助的。

爸爸：有什么帮助？网上不都是垃圾吗？

儿子：你怎么能这么说！我都这么大了，难道我不知道那些该看，哪些不该看吗？

爸爸：你知道哪些该看？我看你的语文该看，你的数学就该看！

儿子：我看的时候是不是要打报告呀？你还不是喜欢网上的垃圾！

"啪"父亲给了儿子一巴掌。

在这个案例中，父亲达到目的了，尽管儿子不愿意。父亲赢了，儿子输了，但是儿子对这个解决方案一点都不满意，只是面对父亲使用的权威，儿子妥协了。

我们都知道，父母需求与孩子需求之间的冲突不仅是每个家庭无法避免的，而且注定会经常发生。它们会从无关紧要的冲突演变成激烈的斗争。当冲突在父母与孩子之间发生时，父母都用自己的权威或对自己有利的方式去解决冲突，以便让自己获胜，让孩子失败。

方式二

儿子：爸爸，我想上网玩一会儿。

爸爸：上什么网，你的学习还没有学好呢！

儿子：上网对我们中学生学习知识很有帮助的。

爸爸：你说得很有道理，现在是信息时代，不懂上网学习知识就像少了条胳膊。网上知识是多，但同时，我觉得垃圾也不少。

儿子：我都这么大了，难道我不知道哪些该看，哪些不该看吗？

爸爸：你说得不错，你已经长大了，有了辨别是非的能力，这一点我很高兴，同时我还想多提醒你的是现在你还是学生，学习是第一重要的，语文、数学是你的弱项，你要多花些时间在这些上面才行，不能总想着上网。

儿子：这些道理我都明白，但是我现在想上网玩一会儿。

爸爸：我希望你不要玩电脑，还是学习吧。

儿子：我又不是不学习，只是现在我不想学习，想玩会儿电脑，你不能逼我。

爸爸：好吧，我投降了！那你就上网玩一会儿吧，我不想再跟你吵了，你赢了。

在这个案例中，儿子达到了他的目的——上网玩会儿。儿子赢了，父亲输了，父亲很显然对这个解决方案不满意，但是在儿子威胁使用他的权力时，父亲投降了。

方式一和方式二具有相似性，尽管它们的结果是截然不同的。在这两种方式中，无论是父亲还是儿子都希望达到自己的目的，并试图说服另一个人接受。每个人的态度都是不达到自己的目的决不罢休。在方式一中，父亲不体谅孩子，不尊重孩子的需求。在方式二中，孩子不尊重父母的需求，不体谅父母的用心。在这两种方式中，都会有一个人感到被挫败，通常会迁怒于造成他失败的另一个人。这两种方法都涉及权力斗争，对手会为了获胜而不惜使用他们手中的权力。

在日常的生活过程中，大多数家长都试图通过非输即赢的方法来解决亲子冲突，这种非输即赢的方法对于孩子以及亲子关系都是无效且有害的。

第二节　单赢还是双赢

托马斯·戈登在《父母效能训练手册》一书中，把解决冲突的两种"非赢即输"的方法称为方法一和方法二，我们在此结合我国的个案进行总结与整理。上述方法中，不管哪种解决冲突的方法都会只能是一方赢，另一方输。

一、方法一：父母赢

家长与孩子发生冲突的情况下，家长决定冲突的解决方案。在选择了解决方案后，家长跟孩子宣布决定，并希望孩子能够按照他们的要求接受它。如果孩子不喜欢这个解决方案，家长就会通过晓之以理、动之以情的方法，试图影响孩子接受他们的解决方案。如果这样还是说服不了孩子，大多数的家长就会试图运用权力和权威来迫使孩子服从。方法一能使家长达到目的。

下面这一发生于父亲和他16岁儿子之间的冲突就是用方法一来解决的。

儿子：爸爸，我再玩会儿电脑游戏，就去写作业。

爸爸：儿子，你已经玩了半个多小时了，怎么还玩呀。

儿子：我还没有把这个游戏玩完，等我玩完了，我就去学习。

爸爸：玩什么玩，你现在都是高中生了，学习那么紧张，怎么还有时间玩电脑游戏呢？多耽误时间呀！

儿子：没事的，学习和娱乐都要兼得！我马上就玩完了。

爸爸：不行，现在时间就是效率，对于你们高中生而言，时间太宝贵了，你不能把时间浪费在游戏上，那样会耽误你的学习，你将来会为此付出沉重的代价。

儿子：好吧，我马上就去学习，但现在我还没有玩完这一局呢？

爸爸：现在，宝贝，你知道如果你不关掉电脑，去你那屋子里学习，你的学习成绩会下降的。请你关上电脑。

儿子：天天就知道让我学习，真是讨厌死了，我不想学习了！

爸爸：你回你的房间，去学习，如果你还继续玩电脑游戏，我就把你的电脑给没收了，以后再也不让你玩了。

儿子：我知道要学习，又不是不学习，但是我马上这一关就要攻下来了，我还不想结束……

爸爸：没有"但是"，如果你不立刻关掉电脑，我就把你的电脑没收。

儿子：（生气地）好吧，你赢了！我关掉电脑，去写作业了！

从这个案例中我们可以看到，孩子上网玩游戏，父母不同意孩子上网玩游戏，认为上网会影响孩子的学习，怕孩子会上瘾，于是就不允许孩子上网，亲子之间产生了矛盾。这个案例中孩子在同父母的对抗中妥协了。家长达到了目的，让孩子关上了电脑。他的解决方案获得成功，尽管小迪不愿意，但是面对家长使用权力（惩罚）进行威胁时，孩子投降了。

但是大量的案例证明，使用方法一解决亲子冲突的结果是，家长将要为"胜利"付出很大的代价。孩子并没有执行这个家长单方面做出的解决方案的动力，因为孩子对这个决定毫无贡献。在制定这个决定时孩子没有任何发言权，不可能发自内心地去服从命令。多数孩子只是迫于家长的权威，害怕家长的惩罚或责备而被迫装装样子，不会认真地执行。即使孩子被迫按照家长的意愿去做某事，也会对家长产生怨恨，感到不公平，他们的怒气和怨恨针对父母，他们认为自己的坏心情是父母一手造成的，家长应该为此事负责。

家长用孩子的敌意换回孩子的服从，孩子用怨恨取代爱与亲情。在这种解决冲突的过程中，孩子也有可能产生不服从的情形，甚至会对家长发动身体上的攻击，为亲子关系的持续恶化播下了种子。

不止于此，家长在使用方法一时还要花费大量的时间和精力执行他们的决定，检查、督促孩子的执行情况，在这期间唠叨、提醒几乎是家常便饭。

孩子之所以采用"不合作"的方式，是因为家长通过方法一的决策制定剥夺了孩子的合作机会，家长通过强迫孩子做某事是永远不可能培养他的合作精神的。

更重要的是，在这种专制、一方说了算的过程中，孩子没有机会发展出自律精神——内心导向的、自发的、负责任的行为。大量研究表明，如果父母不强迫他们的孩子去做事情，孩子长大后会成为自律的、具有责任心的人。父母可能更加喜欢听话的孩子，也的确有些孩子在面对父母的强权时会表现出顺从、服从和恭顺。表面上看，这样的家庭没有争吵，家长说了算，但是，从长远的观点看，这样的孩子长大后通常会成为需要依赖外界权威控制自己行为的人。他们的一生会从一个权威人物转向另一个权威人物，为他们的生活寻找答案，或者寻求对他们行为的控制。这些人缺乏自律精神，内在控制力或自我责任感，因为他们从未有机会获得这些品质。

二、 方法二： 孩子赢

家长与孩子发生冲突时，孩子有他自己的解决方案，并试图说服父母接受它。如果家长进行抵抗，孩子可能就会试着使用哭闹、在地上打滚、不予理睬等他们的权力迫使家长服从。

下面这一发生于父母和18岁儿子之间的冲突就是用方法二来解决的。

上高三的儿子放学回家了。"哐当"一声他把书包狠狠地扔到自己的书桌上。爸爸听见了，连忙凑过来问："怎么了，又考砸了吧？"

儿子：你可真是料事如神啊。

爸爸：是呀，明摆着嘛，都什么时候了你还在以这种状态学习，还手机上网呢！想当初我考大学那会儿，到了这个时候真是分秒必争啊。大家都在努力，所以你现在保持原状就等于在后退，你努力都来不及呢，还……

"咣当!"儿子把自己的房间门摔上了。

爸爸：哎，瞧你这孩子，还摔我，我说错了吗？

妈妈：是呀，你爸不是为你好吗，怎么越来越不懂事了，这孩子！你吃晚饭吧，饭还热着呢。

儿子：不吃了！

爸爸：哎！

妈妈说爸爸：你也是，等他吃了饭再说呀！

爸爸：我说什么了，说得不对吗？

如果在一个家庭中，孩子总是胜利，家长总是失败，会对孩子造成什么样的影响呢？通常的情况下，孩子总是会认为，自己能够运用权力压倒家长的权力赢得战争，让父母为之付出代价。这些孩子学会了怎样用发脾气来控制父母，怎样让父母感到内疚，怎样对父母说气人的、抗议的话来达到自己的目的。这些孩子常常是桀骜不驯、无法控制、冲动任性、以自我为中心、自我控制力差，常常不尊重他人的财产或感情，只想着从别人那里索取，从来没有想到付出，在家庭中缺少合作精神，很少帮助家里做家务。

这样家庭出来的孩子，已经习惯于父母对他们要求的让步，以至于他们也希望周围其他的人对他做出相同的让步。但是，孩子大多数的时间是在学校度过，而在学校绝大多数的教师所接受的训练都是用方法一来解决冲突。以权威和权力做后盾，就会对这些孩子造成很大的冲击。

使用方法二来解决亲子冲突的结果，孩子常常会对父母的爱产生严重的不安全感。孩子会感觉到他的父母常常充满怨恨、恼怒、对他十分气愤。当他从不同的人那里获取类似的信息时，就会感觉自己是被别人遗弃的、冷落的，没有得到别人对他的爱。

第三节　在理解和尊重的前提下建立权威与惩罚

父母赢，在教育中是常见的结果，这其中涉及父母的权威问题。总体上父母比孩子更加有权力，但是，亲子关系的冲突也恰恰与此有关。

一、 父母的权威及其有限性

什么是权威？权威就是说了算，具有控制和支配权。它起作用的方式是通过奖励与惩罚，是行为矫正式的。

父母很难想象家庭教育中没有权威的情形，也非常不易接受自己无权威的情形。

总体上讲，父母与孩子的权力是不可能对等的，父母的权力总是多于孩子。每一个父母都想在家里做一个有权威的家长，运用他们的权威去控制、指导和训练孩子，让孩子顺从自己，所有的家长都想树立权威，但是很少有人能够对权威下一个定义，或找出权威从何而来。

父母的权威并不是靠单方面的力量就能形成的，它是父母在与孩子相互作用的过程中形成的。在亲子交往的过程中，家长的"心理尺度"和孩子的"心理尺度"是不对等的。在孩子的眼里，家长的"心理尺度"要大于孩子，孩子会仰视父母，认为父母是世界上最高大、强壮而且博学有能力的人，孩子会把父母当成神来看待。在孩子的心目中家长是无所不能、无所不知的。孩子惊叹于家长的见多识广，他们预言的准确性。"心理尺度"让家长拥有了对孩子的影响力与权力。

另外，家长对孩子拥有权力是因为孩子依赖于家长去满足他们的基本需求。孩子从来到这个世界那一刻起就需要依赖他人获取营养和身体的安抚，他们自己不具备满足自己需求的手段。这些手段被父母拥有或控制，父母也就拥有"奖励"孩子的权力。比如，孩子渴了，家长会给他买一瓶水，满足孩子的需求，也就是说这个孩子得到了家长的满足。但同时，家长还可以运用"惩罚"的手段来控制孩子的行为。比如，当孩子伸手抢别的孩子的玩具时打他的手，孩子饿了，不给他喂食等。家长可以通过小心操纵"奖励"和"惩罚"来鼓励或消除孩子的某些特定的行为。

众所周知，人类和动物倾向于重复带来奖励的行为，避免或摒弃不会带来奖励或是带来惩罚的行为。掌握资源的父母可以通过奖励"强化"孩子的某种行为，通过惩罚"消除"另一种行为。在孩子年龄比较小的时候，在被奖励和惩罚到足够多的次数后，家长就可以向孩子承诺：如果他们做出某种行为就能得到奖励，反之就会惩罚他们。这样做的好处是让孩子形成条件反射，知道什么情况怎样做，家长就能给到自己奖励，如果不这样做，就会受到惩罚。

但随着年龄的增长，阅历的增加，孩子变得越来越独立，不再那么无助，不再那样依赖家长来满足自己的需求，这时家长的权力就会逐渐减少。家长会惊慌地发现，在孩子小的时候运用很有效的奖励与惩罚的行为矫正方法逐渐失去了效力。

长大的孩子不再迫切需要家长的奖励，对家长的惩罚也有了免疫力。他们会自行其是，在一定程度上，用自己足够的能力和资源来满足自己的需求，来获得足够的属于自己的权力，不用再害怕家长的权力。

因此，简单的奖励和惩罚不再起作用，此时父母的权威要有可信度、公正性和威信，也就是说，长大的孩子已经具有质疑和挑战父母权威的能力。然而，我们要看到，在家庭中，权威并非简单地意味着说了算。父母的权威是在亲情中发生的，要具有一定的威信。父母的权威不是天赋的，也不是在育儿的过程中自然而然就会形成的，它是在父母正确地行使并履行自己的义务和职责的过程中，孩子在他自己的内心世界中逐步建立起来的。也就是说，父母的权威不能靠对孩子进行"管教"或灌输来获得，而要靠家长做出模范性的行动在孩子心目中一天天形成。权威必须与威信结合才能真正起作用。

孩子在一天天成长，越来越有独立的需要和自主的需要。作为父母面对的最大挑战就是，不能采取过去的简单的压制和专制方式。在与孩子沟通，父母让孩子感觉到被理解和尊重前提下，结合讲道理的过程，才能让孩子心悦诚服地接纳、听从。但是，做到这一点并不容易。

如果父母还是简单粗暴地使用奖励和惩罚对孩子进行行为矫正，把自己的原则和立场强加给孩子，就会形成孩子的消极情绪，会使焦虑的孩子变得懦弱、胆小和紧张，会使孩子处于软弱、希望、需要、丧失、无助、依赖、神经质或被动的地位，会使逆反的孩子产生敌意和仇恨，公然反抗父母的权威，导致家庭冲突。

二、 权威与尊重的结合

现代家庭教育要求父母既拥有一定的、合理的权威，又要尊重孩子的个性和自尊心，不随意否定孩子的言行，正确对待孩子的错误，多用鼓励的方法培养他们的自信心，多指导他们"该怎样做"，少批评他们"不该怎样做"。常与子女进行"朋友式"的沟通与交流，鼓励子女发表自己的独到见解，从而与子女建立起良好的沟通关系。

　　亲子交流中，我们倡导父母的权威是合理的、灵活的，也就是说，在理解尊重孩子的情绪感受和自尊的前提下，来管理孩子。父母管教孩子的过程中，要理解和接纳孩子情绪，在孩子悲伤、孤独或兴奋、快乐时，家长能够给予孩子情绪关注、尊重和理解，而不是立刻反对他的情绪。

　　接纳孩子情绪，不等于赞同孩子的情绪或看法，而是先接纳，再想办法改变。接纳的意思是尊重孩子的情绪和想法，而不等于顺从。而关注、尊重理解孩子的情绪，方法就是换位思考。换位思考是理解的前提，也就是说我们要让孩子感觉父母确实也努力从孩子的立场想问题了，共情了孩子的情绪。而共情这个方法，是所有方法中运用最多的，既可以单独运用，也可以和其他方法一同使用。共情孩子的情绪，孩子就会喜欢你、信任你，从而愿意听你的建议或看法。

　　如果说父母的权威主要通过奖惩来实现，那么威信和信任则是通过尊重与理解孩子来实现的，后者体现的是人文关怀。具体来说，针对孩子的奖惩，一定要结合尊重与理解来进行。

　　第一，当家长在运用奖励训练孩子时，要有一个先决条件，那就是必须认真地考虑孩子的需要和动机，考虑孩子的主观感受。也就是说，孩子必须具有很强的动机和强烈的需求，才能够让奖励生效。家长如果试图通过提供一个孩子不是很需要的奖励来影响孩子，往往达不到效果。比如，家长承诺孩子如果他马上上床睡觉，就给他唱歌，结果发现孩子对此并不感兴趣。因为孩子对唱歌的需求没有一个很强烈的需求动机，所以不会产生良好的奖励效果。家长在运用奖励训练孩子时告诉孩子，如果他今天写完作业，等"五一"放假，就带他到外边旅游。你就会发现这个遥远的奖励刺激孩子立刻动手写作业的动力。发现孩子的动机与需要，要求父母对孩子的感受和情绪敏感，从孩子的角度出发想问题，而不是从自己的主观需要立场想问题。

　　第二，当家长在运用惩罚训练孩子时，要区分人格和行为，要尊重孩子的人格，不要打击孩子的人性和人格，而如果惩罚针对人格，孩子就会感觉到不受尊重，就会产生逃避。比如，父母批评孩子作业拖拉，不能说，"你简直不可救药，是一个懒人"而是说，"你今天作业又拖到很晚，既影响了你睡眠，又使我们为你担心"，要兼顾孩子的面子。

　　第三，惩罚时，一定要向孩子说明理由。当家长在运用惩罚训练孩子时，如果不告诉孩子他们为什么受罚，惩罚就失去了本身的意义，其效果也是有限的。惩罚并不是目的，而仅仅是制止孩子错误的手段之一。若父母把惩罚看作是孩子过错的"罪有应得"，而不讲明道理，惩罚的效果就可想而知了。

第四，要有原则并且前后一致。当家长在运用惩罚训练孩子时，受情绪影响，缺乏惩罚的连贯性。对孩子的同一种行为，父母情绪好时可能熟视无睹，情绪不好时则打骂训斥，这就给孩子认识自己的错误造成了困惑。此外，如果对同一件事父母双方的意见有较大的分歧，一方坚决要惩罚，另一方却非要阻挡，这也会给孩子造成同样的困惑。

以上指出几种使用奖励和惩罚来训练孩子的局限性，这不仅需要家长具备心理学的专业知识，还要求家长具有大量的时间与耐心来训练自己的孩子，让孩子做出符合自己意愿的行为。

三、　脱离理解和尊重的奖励与惩罚对孩子的成长具有消极作用

尽管家长运用奖励或惩罚会有着各种严重的局限性，但是还有很多家长青睐这种方法。

小华从小因为父母工作忙而一直住在农村奶奶家，在他七岁的时候，父母把他接回城里一起生活。他爱劳动，关心集体，学习成绩中等。但是，由于他比较贪玩，常常不按时完成作业，为此老师不断地向他的父母告状。加上他在农村养成的一些不讲卫生和不太文明的习惯，父母和哥哥经常对他谩骂甚至责打。用妈妈的话来说，"在家里没有他说话的余地"，亲子关系与手足关系都非常不好。

小华曾经对与他关系比较好的同学说道："我不喜欢这个家。"他非常惧怕父母和哥哥经常对他的惩罚。为了逃避惩罚，他学会了说谎；为了报复父母和哥哥，他多次偷窃家里的钱物。到了初中，他依然得不到家人与老师的信任，为此他丧失了信心，曾经三次离家出走。

小华的事例说明，惩罚的效果不但很差，而且惩罚的结果往往只能使孩子变得粗野、迟钝，甚至出现心理障碍。

在心理咨询的过程中，有一位患有抑郁症的女士，给笔者讲述在她童年时期，家长的严厉管教对她的影响。她回忆起她与父母之间发生的一个典型的场景。

起因很简单，就是有一天她尿床了。父母为此大惊失色，说："你两岁起就不再尿床了，现在都五岁了，怎么又尿床，越活越倒退了。"父母的话让年幼的她非常羞愧，以至于当天晚上睡觉的时候，心里非常担忧，好久都睡不着。但

也许是因为太紧张，也许因为前半夜没睡着，后半夜睡得太香，第二天早上醒来，居然又一次尿床了。这下子，父母特别不高兴，说："你是怎么搞的，昨天尿了床，今天怎么又尿了，是不是成心的啊?"当时他们住的是大院平房，有很多住户。她妈妈一边抱着湿裤子往外走，一边说："这么大的孩子了还尿床，裤子晒到外面，让别人看到多丢人。"她爸爸板起面孔严厉地警告她说："有再一再二，没有再三，这两次尿床我原谅你了，再尿床我可对你不客气了。"

父母的话让小小的她内心充满羞辱感和恐惧，所以接下来的一个晚上，她更害怕得不敢睡觉，直到困得坚持不住，沉沉睡去。结果是，她连着第三次尿床了。这令父母简直震怒，不但责骂，而且罚她当天晚上不吃饭、不喝水。虽然当天因为空着肚子睡觉，没尿床，但问题从此陷入恶性循环中，从那时起，她开始隔三岔五地尿床。父母越是想要通过打骂来让她克服这个问题，她越是难以克服。

一些孩子通过做出与父母的意愿完全相反的行为来反抗父母的权威。一位中学生在一次心理咨询中向笔者透露："家长对我管教非常严格，放学后只能在家做作业，作业没有做完不许吃饭，不许出去玩，如果我贪玩没做作业，家长就会对我责骂甚至痛打。我不想学习，因为父母如此急切地逼我做个好学生，如果我学习了，取得好的成绩，就好像家长是对的，我是错的，我不会让他们有这样的感觉，所以我不会好好学习的。"

实践证明，孩子会在自己的自由受到威胁时激烈地反抗，他们会用自己独特的方式和那些夺走了他们自由与独立的人斗争到底。

由于权力掌握在家长一方，常常使孩子在满足自身需求时遭受挫折，而这种挫折常常会转化为攻击。孩子会用上百种他们认为能报复父母的事情来对父母进行报复、攻击。

小明是学校出了名的"打架大王"，常常对同学拳脚相加，一次因将同学门牙打掉而受到学校的严重警告处分。在了解小明的成长背景过程后，笔者发现小明的父母从小就对小明实施体罚，只要小明做错事情，等待他的就是父亲的拳脚和母亲的巴掌，在他的心目中形成了一种"用拳头解决问题"的想法，只要有同学招惹到他，他就会对其拳脚相加。此种行为的公式就是"你伤害了我，因此我也要伤害你。这样你以后可能就不会伤害我了"。

有些家庭里，孩子一旦犯下错误，就要受到严厉的批评或者惩罚，那么孩子日后不小心再犯错误，第一反应就是"如何躲避惩罚"，只有用说谎来弥补这个错误。当然孩子也许还不知道什么叫错误，但是他知道怎么才能逃避这个问题。孩子都会开始学习他们父母的价值观，他们会准确地了解什么是家长赞许的，什么是他们反对的。可以说撒谎是孩子对父母试图用奖励和惩罚操纵他们的做法的反应机制。九岁的小红一直在学校和家长的联系本上笨拙地模仿妈妈的签名。可怜的孩子含着眼泪说，不敢让妈妈看到自己的成绩。因为妈妈曾经威胁过她，说成绩再不提高，就送她去读寄宿学校。

每个人都有不同的想法，即使是成年人，也可能会因为他人跟自己想法存在差异而不开心、失落甚至勃然大怒，更何况孩子呢？孩子必须学会试着就自己的主张与周围人沟通、协调和妥协。比如，像下课休息时间，有的孩子想打篮球，有的孩子想打排球，都要用到学校的操场，如果双方都坚持己见不愿退让的话，结局就是谁也玩不了。遇到这样的冲突与对立，自我中心的想法当然是自然的，但不是最佳的和合理的，关键是要兼顾他人的利益和对他人表示尊重。如果我们通过表达感受给孩子一定空间，孩子就会形成自主性。让孩子在这些状况中去学习应对之道。不管是靠猜拳来决定，还是协商决定这段时间你们先玩、下段时间换我们玩，或者大家一起先玩篮球，再玩排球，总之父母要相信孩子绝对有能力去找到解决问题的方案。家长适当地引导孩子，要学会如何表达自己的需求与想法，了解别人和自己的差异，怎么去达成彼此都能接受的共识，这是孩子成长过程中非常宝贵的经验。

当孩子们彼此之间意见或想法不一致的时候，家长可以给孩子建议，但是尽可能不要帮孩子做决定，或是命令孩子执行你的指令，要把这些过程与环节最大限度地留给孩子自己。家长这样的方式，也是在传递对孩子的尊重。同时也是在提醒孩子应对别人有更多的包容与接纳。要让孩子理解，你虽然有这样的想法，但是别人也可以有不同的想法。家长要教导孩子，不要认为将自己的想法强加于他人就是胜利，要能包容其他人不同的想法，让不同的声音丰富我们的生活。当孩子与他人存在冲突时，让孩子学会每个人都有不同的想法，要学会接纳与包容，这样孩子就会成为更受欢迎的人。

四、 化解冲突的语言沟通方式

化解冲突不妨从语言的改变开始，父母要学会区别下面的两种不同语言沟通方式及其不同效果。

(一)你向的信息

权威型家长一般不考虑孩子的感受，从自我立场出发来要求孩子，对孩子设立的限制是单方面的，沟通的话语一般都是我要求你，或者你要如何。我们可将这种沟通方式概括为你向的信息，体现了指责。例如，"你必须在晚上十点之前回家——这是我们家的规矩""我不允许你骑那辆自行车""我们命令你不许抽烟""我们禁止你和那个女孩交往""我不允许你理这样的发型""你怎么还不去擦窗户，提醒你多少次了""告诉你多少次了？不要把外套丢在沙发上""电视关小声点！难道你没看见我在打电话吗？你这孩子实在太不懂事了"。

我们可以看出，以上的沟通方式是我们所熟悉的"送出解决方案"，它们全部是你向的信息。你向的信息的特点在语言形式上，常以"你"字开头；内容上，矛头指向孩子，要求孩子改变自己的行为。当孩子被强迫改变自己的行为时，会产生本能的抗拒，导致冲突。

通常孩子只是需要从家长那里获得一些信息，以便了解家长对他们行为的看法，这样他们自己就能改变那些可能会令家长无法接受的行为。然而，孩子绝不希望家长通过使用威胁、强制等沟通方式来限制或改变他们的行为。

在我们内心烦躁、生气时，与对方的交谈通常充满怨气和指责。前缀以"你"为开始时，就难免掉入下列贬损孩子的陷阱里。

1. 批评、指责

"你做事从来不用大脑""你真是一只懒猪""你是我见过最自私的小孩""你是笨蛋吗？否则怎么会听不懂我的话"。

2. 嘲笑、羞辱

"你是个被宠坏的孩子""你以为你是谁啊""你好丢脸喔！考这么差的成绩"。

3. 分析、诊断

"你只是想引起别人的注意罢了""你是故意惹我生气的""你是跟屁虫，我走到哪儿就跟到哪儿"。

4. 教诲、训诫

"好孩子不会这样做""如果我也这样对你，你会有什么感觉"。

当我们在与孩子进行沟通时不断地用贬损孩子的信息，通常不会有什么成效出现，因为贬损信息对孩子的自我价值将造成不良的影响。孩子的自信心被父母错误的信息，一点一滴地践踏着，孩子的人格无法朝向健康而完整的方向发展。不止于此，童年形成的自我价值会延续到成年的发展，自幼缺乏自信心将种下导致个人终生心理障碍的因素。

(二)我向的信息

当孩子的某些行为不当时，父母如果不想使用责骂或警告的方式，那该怎么办呢？我们可以尝试用另一种方向的信息来表达，即我向的信息：我向信息是真实一致地表达自己的感觉与经验，不包括对他人的评价。我向的信息通常只表达自己的现状及需要。

1. 表白性我向信息

真诚表达自己的感受。例如，孩子出去唱歌回来晚了，家长说："你回来这么晚也不告诉我们一声，我感觉到很担心。"

2. 预防性我向信息

例如，"如果你下次回来晚了，告诉我一声，我会感觉放心多了""如果你记得把自行车锁好，我就不用那么操心了"。

3. 肯定性我向信息

孩子的行为发生的当下或者发生之后，他的行为给父母带来愉悦、开心、感激、欣赏等正向的可接受感，父母描述孩子的行为，表达自己正向感受的一种我向信息。例如，"儿子，你会洗碗了，会分担家里共同的家务事情，我很开心""儿子，你一口气写完作业没有停下来玩，看到专心的样子，我很欣慰"。

4. 面质我向信息

孩子的表现令你不满意时，父母自然会产生负性情绪。此时，可以使用面质我向信息，即表达自己的批评与态度，但仍然以我向的感受为主。比如，孩子动作鲁莽，冲撞了你，令你感觉疼痛，这时你可以说，"哎呀，我感觉好疼！"但不必说，"你这个粗鲁的家伙，总是惹祸。不能老实一点"。

当父母沟通过程中采用我向信息，孩子就可以了解你的心情、感觉，行为可能自动改变，甚至激发孩子的良知。

下面是一些常见的说话方式："你把电视的声音开得很大，我的心里很烦，我和你叔叔或阿姨在这谈话，都听不清楚""早上你说好，一放学就回家，可是放学后一个多小时，都没有看到你回家，也没有接到你的电话，我心里很着急，也很担心，连晚饭都没有办法安心做""我认为，学习、作业是你自己的事""我需要你帮忙""我非常开心，你吃饭时，荤菜、青菜都吃""你将水洒在地毯上，我非常生气，我又要花费时间清洗它，让我觉得很疲倦"。

例1

在沟通的过程中，我向的信息往往会获得令人意想不到的效果。有一位妈妈在亲子教育课堂里做了这样的分享。

有一次，我回到家中，看到儿子趴在地板上看漫画。我不知道多少次使用传统中的方法来纠正他这样的动作，包括命令式："不准趴在地上看书。"劝告式："趴在地上看书会影响视力，几岁就得戴眼镜？"威胁加恐吓："如果你再趴在地上看书，我就没收你的漫画。"

但是这些方法的效果都只能暂时改变孩子的行为，没多久，孩子又故技重演了。

在亲子课堂的培训中，我学了我向信息。当我踏入家门时，又瞧见这一幕景象，于是我灵机一动，立刻温和地对着儿子说："孩子，我非常担心你趴在地上看漫画，因为姿势不对、光线不够，可能造成视力恶化，我们家目前眼睛视力最好的人就是你，所以妈妈希望你有一双明亮又漂亮的眼睛。"当时，儿子没有说什么，立刻从地上爬起来。我惊奇地发现，从那天开始，就再也没看到过儿子趴在地板上看漫画的坏习惯了。

例2

有一位学生家长，同样用了我向信息解决了她和儿子的沟通问题。

她在家长培训体会中这样写道：儿子12岁，刚上七年级，正值逆反期，无论我说什么，他总认为是对他不利，一概不听，而且处处与我做对。有一段时间，怎么也无法与他交流，他总是心门紧闭，不给我一个与他沟通的机会。通过学习课程，我试着用我向信息的方法与儿子沟通，感觉效果很可观。

前两周，因嗓子不好，说话嘶哑，于是一天下班后，我先到家，就在大门把手上塞了便条，上面写道："亲爱的儿子，妈妈最近嗓子不好，嘶哑得很，医生建议我少说话，希望你能理解妈妈。"然后就进厨房做饭了。不一会儿，儿子回来了，没想到，他竟端来了一杯白开水送到厨房，还破天荒地主动与我说话："多喝点水吧！"看到儿子主动给我送水，我心里很高兴，心想孩子本性还是善良的，他是爱我的。那天我们渐渐地能沟通了，虽然谈的话不太多，但孩子毕竟肯开口与我交流了，我能了解他的心理动向了。

但逆反期的孩子总是好一阵子，歹一阵子，过了几天，儿子又开始不理我了。想了想儿子不理我的原因，我想肯定是这家伙最近一段时间作业多、压力大，自己不会调试，没办法向外面发泄，所以就又一次把矛头指向了我。面对这种情况，我又给孩子写了一张便条："儿子，妈妈知道你上中学后很累，每天似乎都有写不完的作业。妈妈看到你每天那么多作业，也很心疼你，但你现在是中学生了，随着年龄的增长，学业会越来越重，这个你应该做好心理准备。但是，儿子，你要时刻自勉：我是男子汉，我是不会被压垮的，压力越大，我的承受能力就会越强！儿子，实在哪天压力太大无法调节，在家里可以扑在妈妈肩膀上痛哭一场，这样，你就会感觉妈妈与你分担了一部分压力，可以缓解自己的压力，如果在学校压力过大，你可以独自一人跑到操场上，大喊几声，或者拼命跑几圈，这样也可以缓解压力的。儿子，相信没有过不去的坎儿！"趁晚上儿子写完作业，洗脚时，我把便条交给了他。没想到儿子看后，哭着告诉我："妈，这几天作业多得我都扛不住了，做学生真难啊！"说着还大声哭泣。我过去抱住了儿子，渐渐地，儿子松开了手。我问道："孩子，感觉现在比刚才好些了吗？"儿子告诉我："感觉好些了。"

以上两个实例，都是上课学员们充分运用我向信息获得的惊人效果。

其实，家长往往低估了孩子也会替他人着想的能力。在运用我向信息时，表达者对于孩子的行为，完全没有责备和羞辱的意味，他们只针对孩子的行为对父母造成的困扰来加以描述，没有丝毫的人身攻击。这样的情境，由于不会对孩子的人格造成伤害，孩子自然会卸下防御的面具，愿意去聆听父母的感受。

孩子向来凭感觉处理问题，他们往往忽略了自己的行为是否会给别人造成伤害和难堪，他们常常为了追求自己的目标忽略了自己的行为可能会给家庭带来的冲击。但是，父母有责任也有义务告诉孩子真相，他们会在这种互动沟通交流的过程中，学习设身处地为他人着想。

以下几个实例，是父母运用我向信息获得良好成效的对话。

例1

妈妈在打电话，孩子不断地来骚扰。

"我完全听不清楚外婆在说什么，如果你有话要跟外婆说，那我就先把听筒交给你好了。"

例2

女儿答应饭后帮忙洗碗筷，然而她却一再食言，临睡前还不断地要求妈妈讲故事。

"我不会为你讲任何故事，因为你答应帮忙洗碗筷却没做到，让我有一种被欺骗的感觉，除非你为自己的承诺负责任。"

例 3

孩子用餐时间不肯吃饭，待父母上床后，才来抗议："妈妈，我肚子饿死了！弄饭给我吃。"

"我现在要休息了，工作了一整天，我已经筋疲力尽了，如果你愿意，电饭锅里有饭、罐子里有肉松，请你自己动手。否则以后请在晚饭时一起用餐。"

例 4

妈妈帮上幼儿班的女儿穿衣服，她却一味地扭来扭去，使得妈妈没办法替她穿好衣服。

此时，妈妈只需温和而坚定地告诉女儿："你乱动的话，我就无法帮你穿衣服了。"

例 5

孩子赖床，妈妈不断地催促，眼看上班的时间紧迫。

"我上班就要迟到了，请你立刻起床。"

这些信息诉说着父母的需求，但没有指责孩子不乖、懒散、愚笨的意思。

父母在不断运用我向信息的过程中，特别是在描述孩子的行为给自己带来的切实影响时会发现，感受并不会在很大程度上受孩子行为的影响。你可以调控你的情绪，你的情绪由你自己做主。我们每个人渐渐地会成为自己情绪的主人，孩子以前看似不可接受的行为，慢慢地也变得可以接受了。

第四节　没有输家的方法

当父母和孩子玩着所谓"你输我赢""我好你不好"的游戏时，不是父母赢孩子输，就是孩子赢父母输。但不论谁赢，最后都会失去权威，不论谁输，输的一方，心里面都充满了怨恨，亲子之间的冲突将不断加深。

其实我们可以改变方式。退一步，采用双赢策略，让大家都开心，也就是这里给大家介绍的第三个方法，即双赢策略。这种方法就是"没有输家"的冲突解决方法。在这个过程中，没有人输，双方都赢了。当需求冲突产生时，亲子双方共同寻求双方都能接受的解决方法，不需要强迫对方。这种双赢策略必须被父母与孩子双方接受，这是一种双方对最终的解决方案达成共识的冲突解决方法。

例如，一个难得的星期天，你想让孩子参加补习班，可是孩子想让你带她去科技馆，冲突就产生了。

如果我们用方法一和方法二，会让家长和孩子两败俱伤，如果我们用第三种方法来解决冲突就会达到意想不到的效果。

妈妈：星期天妈妈想让你参加数学补习班，你想去科技馆。我们的意见不一致，这个问题必须解决。妈妈不希望强迫你放弃参观科技馆，去参加数学补习班，这样你会不开心。妈妈希望你既能到科技馆看到你比较感兴趣的科技展示，又能参加数学补习班提高数学成绩，我想和你一起商量商量，看看能不能找出一个方法，既能满足你的要求，也能满足妈妈的要求，你看好不好？

孩子：那好吧，我上午去参加数学补习班，下午你陪我去科技馆，不就解决了吗？

妈妈：可是科技馆半天时间可能不够用。

孩子：也是啊，那就这次只去一楼和二楼，三楼以后再去。

妈妈：你认为这个方案能行吗，真的能行吗？

孩子：是的，我真的很喜欢这个方案。

妈妈：好吧，那么我们试一试吧。如果你对这个解决方案感到满意，我也如此。那你是不是该出发了！

孩子：当然，咱们下午见。

妈妈：好的，下午见，不见不散。

通过这个案例我们能够看出，当父母与孩子遇到需求冲突的情况时，父母可以请孩子与自己一起寻找某种能令双方都接受的解决方案。他们中的一方或双方可能会提供一些可能的解决方案。他们会仔细地评价这些方案，并找到一个双方均可接受的最终解决方案。在选定解决方案后，无须再说服对方去接受，因为双方都已经接受了它。这种方法不需要任何权力来迫使对方服从，因为没有人对这个决定持有异议。整个过程，父母提供了信赖与支持，孩子会对所做的决定有一种承诺感和责任心。

没有输家的方法在解决需求冲突中会产生以下好处。

第一，子女参与其中，知道自己的责任，拥有自主性。解决冲突的第三种方法能使孩子拥有更大的执行决策的动力，因为它利用了参与原则。与其他人强加在孩子身上的决策相比，孩子会对他亲自参与制定的决策有更大的执行动力。尽管方法三不能保证孩子总是会积极地执行双方约定好的冲突方案，但是它大大增加了孩子执行这个解决方案的可能性。孩子会觉得一个用方法三制定的决策也是他们的决策。他们对一个解决方案许下了承诺，并感到有责任执行它。一个更令他们感到满意的事实是，他们的父母不再试图以他们的失败为代价换取自己的胜利。用方法三制定的解决方案常常是孩子自己的主意，自然而然地使孩子更渴望看到这个办法生效。因此就更有强烈的动力去实施和执行这个决策。当孩子感到自己被信任时，他们就更有可能做出值得信任的行为。

第二，少了敌意，多了爱意。亲子间的双赢策略，引导着父母与孩子真诚努力地共同寻找彼此满意的解决办法。他们深刻地感受到彼此的爱与温柔。解决冲突的第三种方法被持续使用时，父母会感到孩子与自己的敌意大大地减少了。当家长和孩子共同解决一个冲突，并找到一个双方都满意的解决方案，他们很少会产生怨恨和敌意，而更多的是彼此产生深深的爱和亲情。亲子之间更加亲密，更能强化和深化双方的关系。面对冲突，双方共同努力，寻找到一致的解决方法时，拉近了亲子之间的距离。其中最重要的因素在于彼此都能够、也都愿意站在对方的立场和需求，来考虑并尊重彼此的权益，进而心存感激。

第三，减少权力的需求。亲子双赢策略中，父母所持的是一种尊重孩子需求的态度，但父母同时也尊重自己的需求。解决冲突的第三种方法几乎不需要什么强制执行，因为孩子一旦同意了一种可接受的解决方案，他们通常就会执行它，因为他们对于自己没有被强迫接受一个不利于他们的解决方案而心怀感激。在使用这种策略的家庭里，孩子的心是坦然开朗的。他们不会有伤害和自我防卫及种种唱反调的行为。因为，孩子清楚地明白他根本不需要去争取权力，就能满足需求，父母的心态亦然。这就是没有人输的双赢策略。

第四，相信孩子有能力。双赢策略给孩子传递一个非常可贵的信息，那就是尊重和相信孩子是有能力的，而孩子很喜欢自己受到信赖，并且被平等对待的感受。解决冲突的第三种方法传达给孩子的是，家长把孩子当成年人对待。这个方法令孩子感觉良好，因为他们非常喜欢被信任和平等对待的感觉，这样孩子就会出现负责任、会思考的特性。

我们一起来看下面这个案例。

孩子：妈妈……我不喜欢你一直唠叨个没完没了，我比豪豪大，玩游戏的时间应该比他更长一点。

妈妈：你是说，你比弟弟大，却和弟弟玩游戏的时间一样多，这样对你很不公平？

孩子：对！我比豪豪大三岁耶……

妈妈：你觉得妈妈应该……

孩子：应该让我自己选择和决定玩游戏的时间。

妈妈：你说得有道理，但是……我担心如果让你随心所欲地一直玩下去，对眼睛不好。

孩子：我才不会呢！

妈妈：而且我也担心不停地沉迷游戏，会让你的功课退步……

孩子：不会……不会……我只不过想比平常多二十分钟。

妈妈：因为你是大哥，应该可以多打一会儿才公平。

孩子：对……就是这种感觉。

妈妈：那你确定不会影响功课和视力？

孩子：我保证。

妈妈：那好，你表现一个星期看看，如果不行，我们再讨论……

妈妈与孩子这样的协议之后，一向抗议、争论不停的游戏时间，在家里画上完美的句点。

笔者向家长推荐在国外被很多亲子教育专家和家长大为推崇的引导式对话，这是一种辅助对方达成目标的谈话技巧。引导式对话认为"答案就在对方心里"，是沟通时一定要怀有的态度，永远以"认同"对方为最佳沟通策略，并且用心"倾听"，来理解对方、搜集更精确的信息。

如果家长可以熟悉并善用引导式的对话技巧，就可以通过沟通来协助孩子达成目标，因此它是非常值得家长学习的沟通技巧。

一、　解决冲突时善于用引导式对话

引导式对话有12个步骤，家长只要熟悉并加以运用即可，不要拘泥于是否真的按照书中所说的一步一步来，或是要把12个步骤全进行完。有时在与孩子沟通的过程中，家长可能只要其中的一步，就足以搞定与孩子之间的问题。

（一）倾听

本书第二章详细介绍了倾听的技巧，在此加以补充。倾听属于有效沟通的必要部分，以求思想达成一致和感情交流的通畅。狭义的倾听是指凭借听觉器官接受言语信息，进而通过思维活动达到认知、理解的全过程；广义的倾听包括文字交流等方式。其主体是听者，而倾诉的主体是诉说者。两者一唱一和有排解矛盾或者宣泄感情等优点。倾听者作为真挚的朋友或者辅导者，要虚心、耐心、诚心和善意为倾诉者排忧解难。用简单的话说，倾听就是仔细聆听，了解对方的想法。

父母在与孩子沟通的过程中，最应该做的就是好好地让孩子把话说完，家长把孩子的话听清楚，把孩子的意思搞懂，这就是与孩子沟通最好的起点。

孩子：我太笨了，总记不住数学公式，我永远都没有办法记住那些公式。

妈妈：有些数学公式总是记不住，你觉得很沮丧。

孩子：是的。我们班一个男生自己不想学，还影响别人，下午自习课人家都在学习，就他一个人在那说话，大家都特别讨厌他。

妈妈：自习课上你们班的一位同学说话，影响你的学习，你感到心里很烦，是吗？

上述例子中，母亲很好地倾听了孩子的心声，并且用一个表示情绪的词准确地反映了孩子的情绪，效果很好。父母在沟通过程中，如果经常这么说："现在心情如何""你喜欢什么""你想做什么""你想成为什么样的人""我懂你的意思了"……会达到意想不到的沟通效果。

积极倾听能使亲子双方更真切地理解彼此的想法，感受情绪。倾听，对方才会感受到被接纳，才愿意说出心里话。积极倾听是在理解、接纳孩子，搜集更准确的信息，共情孩子的情绪。

情绪是一种能量，当孩子的这种能量被理解接纳的时候，他就会产生一种力量感、安全感。最好的帮助方式是：共情而不帮助。把解决问题的责任留给孩子，让他去寻找解决问题的方法，让他在解决问题的过程中发展自己的能力。

(二)认同

认同指承认与模仿他人或团体的态度行为，使其成为个人人格一部分的心理历程，亦可解释为认可赞同。在亲子沟通的过程中，认同就是要求家长要和孩子站在同一边，接受孩子的想法、态度与举止。只要看到孩子的成长或正向的变化，便立即予以认同、赞赏、肯定。

家长可以这么说："宝贝，今天起得好早哦""看到你回来我好开心""我发现你这次比以前都努力""你真细心，竟然发现了""你能开口道歉，很勇敢哦""你做得真好"。

(三)共情或感同身受

共情也可称为感同身受，是指家长站在孩子的立场去感受，让孩子知道你懂他。沟通时，尤其在孩子表达出自己的想法时，会很期盼得到家长的认可，如果家长还能够精确地说出孩子的感受，孩子就会得到更大的鼓舞，从而加强沟通的意愿。

家长可以这么跟孩子沟通："我很喜欢你的想法""真是辛苦你了""你的确让人不太愉快""有时候就是会遇到那种事""在那样的情况下，真是难为你了""我知道你一定很难过"。

(四)复述

复述就是家长重复孩子说的话。其实复述的过程中有很多技巧是可以用的，如身体语言、语速语调、笑容眼神等。重复孩子说的话，可以让孩子感到你的世界有他的存在。他通常也会把你拉入他的世界。同时，复述也可以给孩子受到重视和尊重的感受。根据影响力的互惠原则，你也将得到尊重。复述的过程，可以给大脑一个吸收资料、处理信息的时间。

父母可以和孩子这样说。孩子："做……好累哟。"父母："嗯！一定很累。"孩子："大家一起来玩真是开心。"父母："对啊，真的好开心。"孩子："我好讨厌那样的事情。"父母："嗯，真的好讨厌。"孩子："他这么对待我，我真的好生气。"父母："就是，那么对待你，真的让人好生气。"

(五)区隔

区隔就是为了澄清事实，用两种不同的观点作为区隔。提出两种不同的观点，可以让孩子不局限在自己的偏执想法中，有机会摆脱原有生硬的思维，做出更好的回应与调整。

家长可以这样和孩子说："那是你看到的，还是别人告诉你的""那是实际发生的事情，还是你单方面的想法呢""那是事实，还是你自己的解释""那是你担心的，还是你想要的"。

(六)提问

提问就是提出问题，让孩子自己去思考，什么才是对的，什么是有可能的。提问是家长对孩子感兴趣的一种表现，同时也是引发孩子兴趣的最好方式。家长从不同的观点来提问，可以将孩子的想法用言语加以具体化，这可以激发孩子自主性的行为。

有一位年轻的妈妈和她四岁的儿子陪着外公一起去春游，妈妈从背包拿出两个苹果，让儿子给外公一个。没想到儿子将苹果拿到手里，在上面分别咬了一口，妈妈非常生气。外公却问道："乖孙儿，告诉外公，你为什么两个苹果都要咬一口呢？""因为……因为我想把最甜的一个给外公。"外孙回答。

这个事例告诉我们，在亲子沟通的过程中我们要运用提问的方式，先搞清孩子做这件事的动机，然后再进行有效的沟通。因此在沟通的过程中，父母可以这么说："当时发生了什么事？""你打算什么时候开始做？""现在你真正想做的事是什么？""有哪些可能的方法？""还有其他方法吗？""还有没有其他方法呢？""如果要从当中选择，你会选择哪一个？""完成之后，你的心情怎么样？"

(七)提供选项

给孩子提供选项时，不要用二选一，最好提供三个或三个以上的选项。让孩子从多重选项中自己做出选择，培养孩子的自主性与独立思考能力。

家长可以这么跟孩子说："有 A、B、C、D 等选项，你可以从中选出自己想做的事，你最倾向哪一个？""现在出现了一、二、三等几个选择，你打算选出哪一个？"

(八)沉默

孩子沉默时，不要急着催促，静静等待孩子再次开口。沉默是用来整理思绪、增进理解的。当孩子不说话的时候，家长应该耐心等待。当然家长也可以用沉默，来让孩子能更充分地思考。家长可以跟孩子这样说："你慢慢想，没有关系，我会等你""我休息一下，你再好好想一想，想好了再告诉我"。

(九)鼓励

鼓励就是用正向的语言来表达对孩子的支持。正向的语言才是引导沟通长久延续与发展的最佳选择，家长要学会用正向的语言，少用负面的字眼。家长可以这样跟孩子说："嗯，就是这样""你一定做得到""风格独特，很不错喔""你一定可以更加努力的""我觉得这样不错，继续保持下去喔""太好了，继续下去肯定行"。

(十)重新建议

重新建议就是家长给孩子提供全新的观点，让孩子从不同的角度去看待事物。家长要提供不同的见解，给孩子有重新思考的机会，让孩子能摆脱既有的思考框架，明白他人的看法有时候是和自己不同的，并试着去理解他人的想法，走出自我中心的限制。家长可以和孩子这么说："你如果站在 B 的角度，会怎么想呢?""如果你是 B，对于 A 所做的事情，你觉得如何呢?"

(十一)赞美

赞美有助于激发孩子行动的兴趣，开发并提升孩子的能力。在沟通的过程中，家长要先肯定孩子表现优秀的部分，提高孩子在行动中的动机，激励孩子付出实际行动，累积小的成果。认同孩子这一连串的行为。

孩子放暑假了，爸爸妈妈带着孩子出去旅游，一家人玩得很高兴。旅行回来后，爸爸和妈妈忙着上班，八岁的儿子在家把房间收拾得很整洁。他扫除了地板上的垃圾，擦干净了桌上和窗户上的灰尘，并把凳子摆放得整整齐齐。妈妈回家见了非常高兴，就表示赞赏儿子的成就和努力。

妈妈：房间那么脏，我真不敢相信你只花了半天工夫就清理得干干净净。

儿子：这是我做的!

妈妈：房间里满是灰尘，你爸爸的杂志、报纸又到处都是! 而你能收拾得这么干净，真了不起!

儿子：我把该擦的都擦了，该放好的都放好了。

妈妈：这工作可不轻松。

儿子：是啊!

妈妈：房间里好整洁，看起来就让我心情舒畅。

儿子：是整洁多了。

妈妈：谢谢你，儿子。

儿子：不用谢。

妈妈的话使儿子因为自己的工作而高兴，因为他的成就而得意。这天傍晚，他几乎是迫不及待地等待着爸爸回家，要让爸爸看看整洁的房间，好再一次重温一下因为工作完美而带来的得意心情。

(十二)提议

提议就是家长提供新观点，让孩子自己选择。最后家长可以再提出不同的想法，并以温和的方式询问孩子："我可以提供一个建议吗?"先获得孩子的同意再提供意见，就不至于太过强势，孩子也会比较愿意接受。当孩子接受这么多的交流与引导之后，孩子的思维就会更活跃而全面，这会非常有利于孩子未来与人沟通，成为孩子未来的竞争优势。

家长可以跟孩子这样沟通："要不要改变平常的顺序，从比较难的功课开始做？""我可以提出意见吗？要不要找其他人来帮忙？""只有这一条路可行吗？没有其他的选择吗？"

二、 实现双赢的六个步骤

当亲子关系面临冲突时，究竟应该父母迁就子女的意见，还是子女顺从父母的看法？没有输家的方法建议父母对子女的态度要做根本上的改变。父母要学会"积极聆听"以及忠实地传达自己感受的技巧，当亲子间发生冲突时，父母能够不以权威的态度，心平气和地与孩子一起讨论，以找出一个能为双方共同接受的解决办法。这样既不需要牺牲任何一方，更不需要使用权威去强制执行，完全由双方坦诚相处，共同决定，如此不但可以发展孩子思考能力，也易于挖掘真正的问题。此外，因孩子参与决定过程，也会自愿地实施双方决定的解决方法。

亲子沟通是一门技巧，父母双方都应接受适当的训练。父母角色需要学习。父母有教育子女的权力，但也有接受再教育的义务。明智的父母承认做父母要学的跟儿女一样多，亲子一起来学习，这是促进家庭和谐的第一步。

诚然，父母可以学习沟通的技巧，来改善彼此间或亲子间的关系，但是仍需以爱为出发点。无论父母或子女，只要心存对彼此的爱，凡事保持一种弹性和可谅解的态度，则亲子间的冲突、障碍将消弭于无形。

当冲突出现时，亲子双方处理的态度，可能有两种情况：一是顺其自然、置之不理；二是找出策略、寻求解决。前者是消极的，不去处理问题，而让事情过去就算了。有可能父母会企图以有利于本身的方式调解（因此父母居于胜利地位），也有少数父母为避免纠纷而采用过分宽容的态度放纵子女（子女居于胜利地位）。但此种方法仅是治标不治本，问题终究存在，甚至还会引发将来更多的冲突。真正有效的解决方法是能够使双方均达到不败或双赢的方法，不会伤害到任何一方，也能使冲突在彼此的同意中获得解决。有些家庭的父母可以接受并想使用这种没有输家方法时，却不知道如何入手，并在一开始做的时候会遇到很大的困难。那么如何运用这种没有输家方法，如何处理家长经常遇到的问题，以及如何解决家长与孩子之间恼人的冲突呢？下面我们结合案例来看实现双赢的六个步骤。

例如，一位母亲13岁的儿子周六从9点到11点在上网玩游戏。母亲担心儿子长时间玩游戏对儿子视力的伤害。因此，母亲叫儿子关电脑，儿子反对，说好不容易有个周六可以放松自己。

以上的情景在我们朝夕相处的家庭生活中，时有发生。亲子之间常会有不同的观念与争论出现，通常很快被解决并且被遗忘了。但不幸的是，也可能会发生许多严重的冲突甚至肢体冲突，从而造成亲子之间的愤恨、口角不断、冷漠，而造成紧张的状态及疏离感，形成无法忍受的家庭生活，甚至子女离家出走，家庭破裂⋯⋯

下面我们就通过这个案例来详细地介绍实施双赢策略的六个步骤。

第一个步骤：认识并界定冲突。父母必须让孩子注意到问题，并且愿意共同解决。父母可以选择适当时机（避免孩子精神状态不佳或有重要事情牵绊时），明白告诉孩子彼此有些问题需要解决。使用我向信息，向孩子说明自己的想法、感受、期待，避免责备、否定孩子，让他相信你确实有诚心，想化解彼此的冲突。找出问题（冲突原因），开家庭会议，讨论内容具体，有特定主题，每个人都有说话的机会，尊重他人的发言权。当父母要孩子参与解决问题时，首先要让他注意问题的存在并愿意来解决问题。所以要留心下面一些状况，才能使过程更顺利。

第一，选孩子不忙或不外出的时间，才不会因被打断或干扰而反抗或生气。

第二，清楚而准确地告诉他问题是什么，不要用试探性的话语做引子。

第三，依照自己实际的感觉告诉孩子，以"我"的信息方式表达。

第四，避免传达"限制"或"责备"的信息。

第五，明白地表示要"一起"找出两全其美的办法，重要的是让孩子感受到父母是真心诚意的。

以上案例中母亲可对儿子说："你玩游戏从 9 点到 11 点，两小时，这对你视力有很大的伤害，妈妈非常担心！"

在母亲陈述完自己的需求和感觉之后，要积极聆听孩子的需求和感觉，并用语言来表达对孩子需求的了解。如果母亲不了解孩子的需求，可以请孩子再重述一次。在这个时候，积极聆听是最佳的工具。对于孩子问题的陈述，不批评，也不加以责备。以上案例中儿子的需求主要是"好好放松自己"。

在第一个步骤当中，要用足够的时间来界定冲突，并且使用积极聆听来了解孩子的感觉，特别是孩子的潜在愤怒或抗拒心理。在进入问题解决的下一个步骤之前，母亲和孩子都必须将自己的感觉说出来。不要急着进入第二步骤，先确定大家已了解对方的观点，而且也已正确并且一致地陈述出自己的需求了。

第二个步骤：父母可以尝试引导、鼓励孩子先说出他对问题解决的观点，然后再告诉孩子你想到的方法。很重要的是，要秉持平静、接纳的态度，先不对任何解决方案进行评价。思考各种解决的办法，用脑力激荡法，每人至少想出一个解决办法，不管办法可行与否，不能批评别人的意见。寻找出各种解决方法，注意下列几点。

第一，先让孩子提出解决办法，父母的办法稍后提出。

第二，不要评价、判断或轻视孩子提出来的方法，此时完全接纳所有的意见。

第三，在孩子提出方法前，不要说什么是不能接纳的。

第四，若孩子没提出意见，可以鼓励其提出。

第五，要大家提出所有可能办法，直到方法都想尽。

这是冲突解决的步骤中，最能发挥创造力的部分。通常我们无法马上想出最好的解决方法，但是开头的方法往往能激发出更好的解决策略。首先父母请孩子提出可能的解决方法，而父母也有足够的时间提出自己的解决方法。这一点很重要：父母坚信任何事情至少有三种或以上解决方法！

以上案例中母亲可提出：关电脑；休息20分钟后再玩1小时；进行体育锻炼来代替玩游戏等。

在积极鼓励与聆听孩子提出的解决方法时，无论如何，要避免批评或评价孩子提出的解决方法。如果需要的话，母亲及时写下所有的解决方法。

以上案例中孩子可提出：再玩2小时游戏；休息10分钟后再玩1小时；下午玩2小时；上午再玩半小时，下午全家出去爬山等。当双方提出一些合理适当的方法时，或当其中一项解决方法较其他方法为佳时，很显然的，就可以进入第三阶段。

第三个步骤：评估并讨论这些解决办法的可行性。在评估各种解决方法这个阶段，父母与孩子共同评估办法的可行性，挑选出一些比较可能被双方接受的方案。要提醒的是，双方要坦诚说出自己的感受，如"这办法对我不公平""我不满意这个办法"。父母可以说"我们来一同看看，什么是我们所需要的？"在做选择时，父母一定要诚实面对自己的感觉。

第四个步骤：选择一个解决的办法，这个办法必须是每个人都赞同才行。如果所有的意见和反应的交换都是开放而坦诚的话，自然就会产生一种显然较好的解决方法。父母无须将任何的决定视为最终的决定而且是不可改变的。你可以邀请孩子一同试试看这个双方都愿意接受的方法，同时要让孩子明白双方都该对此约定负责，一起把问题解决。

选择和决定最好的解决方法，有以下几点要注意。

第一，不断问孩子："这个方法可以吗？""你认为这样可以解决我们的问题吗？"

第二，不必坚持到最后，决定过程是灵活的。

第三，如果解决方法较复杂，不妨写下来，以免忘记。

第四，让大家明白每个人都有责任去完成它："这是我们同意的，我们就得遵守。"

在问题解决的这个步骤里，父母必须诚实，同时也希望孩子诚实。双方都必须做些批评性的思考。在所有可能的解决方法中，是否有缺点存在？提出理由来解释为什么有的解决方法可能会无效？是否太难实行和实现？它对双方是否公平？在这个时候，请使用积极聆听。

有时候在评估解决方法时，会想到更好的方法，或者会将原先的方法做些修正。以上案例中很有可能一种新的方法包含双方的方法：上午休息 10 分钟后再玩半小时，下午全家去森林公园玩。在这个阶段，必须双方都承认对方提出的解决方法。通常当所有的事实都表露出来时，较优的解决方法就会显露出来。以上案例中母亲可邀请孩子将最终解决方法写下来，再让孩子解释一遍，母亲重复一遍，然后双方愉快地签名！

在这个阶段中，父母请勿犯下列的错误：试图说服孩子或避开孩子所提出的解决方法。如果孩子无法自由地选择他可以接受的解决方法时，孩子可能就不会去实行它。

第五个步骤：实行解决的方法。当亲子双方都明确同意最后的解决方案后，父母要与孩子讨论具体的实行细节。比如，分配做家务活的冲突，可能要讨论："多久做一次""什么时候做"以及"做到怎样的程度才合乎要求"。通常决定行动的计划，如何去执行，需要做些什么事，谁去执行，都可能要一一列出。做出决定之后还需拟定细则以便于付诸行动。父母应和孩子讨论："什么时候谁该做些什么""我们什么时候开始进行"。而这些该"如何实行"的问题，最好等到大家都完全同意最后的决定后再来讨论。

因为找出解决冲突的方法是一回事，而能否实行又是一回事，所以在双方决定解决方法之后，需要立即讨论有关实行的问题——由谁来做？什么时候做？在哪实施？做什么？为什么做？怎样做？花费多少？

最有建设性的态度是：信任孩子。少对孩子提出质疑——如果做不到该怎么办？而多向孩子提供协助——做好，我们还可完善些什么？

然而，如果后来孩子真的无法实行先前双方同意的方案，那么父母可以对孩子传达我向信息。以上案例中母亲可对孩子说："孩子，你未按我们双方都同意的方法实行，违反了我们双方约定的承诺，妈妈感到特别难过！"同时，母亲也可以向孩子提供建议，以协助孩子按双方协商的计划进行。

母亲切勿陷入命令孩子实行计划的陷阱中。监视孩子和喋喋不休，只会造成孩子的依赖和反抗，无法培养孩子的责任感。

刚开始时孩子会不习惯共同协商的问题解决方式，实行起来可能会较为松懈。母亲可以准备传送我向信息，直到孩子了解母亲不接受毫无进展的态度。

第六个步骤：评估解决方法的效果。执行，而且事后检讨。若发现执行后困难重重或根本行不通，再依上述步骤重新来过，周而复始，一直到大家皆大欢喜为止。不一定所有的决定都会有好的结果，父母要不时询问孩子对这个决定还满意吗？孩子常会做出一个事后难以实行的决定，或是父母发觉很难信守承诺，因为有许多当时未料到的事会发生。并不是所有没有输家的策略都是令人满意的。因此，在实行一段时间后，父母与孩子必须交换对这个决定的想法，看看是否需再加以修正。

并不是所有用"共同协商"找出的解决方法是最好的。有时候母亲或孩子会发现解决方法的缺点，而需要加以修正或删除。

双方都必须了解，解决方法的选择权永远都为双方共同开放。我们要有随时都可以改变的心理准备。双方约定特定时间来讨论解决方法的效果。

以上案例中，如果在步骤六陷入僵局，母亲有必要将需求重新提出来，有时候整个过程必须重新来过。

通过这个事例，我们可以看到没有输家的方法之所以有效是因为以下几点。

第一，给予对方参与决策的机会。

第二，减少对方对权力的需求。

第三，留给对方更多思考的时间。

第四，找到最真实的问题。

第五，减少强制意识。

第五节　应用没有输家的方法时需注意的问题

在应用没有输家的方法时，家长先不要着急，可以先找一个长时间没有解决的问题入手，按照上述给大家介绍的六个步骤来进行。如果孩子不配合，或有抵触，说明孩子已经对家长有很深的成见了，家长应当学会倾听。

沟通的目的在于互相尊重。互相尊重指的是孩子与父母亲能够彼此真诚地表明想法和感受，而不必担心会被拒绝。也许父母不同意孩子的想法，但可以表达接纳他们的感受。

一、　倾听

在一般人的观念里，认为沟通的元素主要是"说"，父母所呈现的态度是"我说，你听"。其实，"说"只是沟通中较不重要的一环，真正重要的沟通元素是"倾听"。

(一)有净化作用的倾听

孩子：妈妈，我讨厌上学，因为全班的同学都欺负我。

妈妈：全班的同学都欺负你？

孩子：对啊！我跟小琪借橡皮擦，她都不肯借我。

妈妈：你觉得很没面子。

孩子：晓珍和我赛跑输了，就说我偷跑。其实我根本没有偷跑。

妈妈：嗯，还有呢？

孩子：老师叫我登记成绩，他们就说我是马屁精。

妈妈：喔……

孩子：作文被老师贴在墙报上，小权就说我是抄来的。其实，我哪有抄。

妈妈：那怎么办？全班的小朋友都在欺负你。

孩子：其实……也没有啦……不是全班啦……

妈妈：有一半的同学在欺负你。

孩子：也没有那么多啦！

妈妈：至少有十个同学欺负你吧！

孩子：哪有？这次班上全数通过，我当选模范生呢！

妈妈：哦……

孩子：其实就只那三个人啦！因为他们嫉妒我的功课比他们好！可是……也还好啦！上次他们还请我吃冰淇淋，有一次我脚痛，小权还帮我抬午餐呢！

倾听是了解的开始，在心理学上，倾听更具有净化作用。当孩子遭遇挫折、困顿、失败和难过时，积极的倾听能够沉淀和过滤孩子复杂而奔腾的情绪。因此，开启良好的沟通钥匙，要从倾听开始。

(二)反映倾听

什么是反映倾听呢？父母若要使用反映倾听，需先了解人际沟通的过程。

以孩子牙痛为例，孩子为了免除牙痛，他会发出信号，给父母传达某些信息。所以孩子必须选择足以表明"我牙痛"的信号给对方，这种选择的过程称为"选码"。

孩子：牙痛→选码

假设孩子选择的信号是不断地哭喊："痛！好痛！"这个哭泣的信号就会传送到父母的耳朵里。

孩子：牙痛→选码→痛！好痛！

父母收到信号后，必须经过译码的过程：

孩子：牙痛→选码→译码 母亲：他牙痛

如果父母能正确地从孩子的表情和语言中译出信号所代表的意思，就会知道孩子的哭泣是因为牙痛。万一父母认为孩子在瞎闹、找碴，则完全误解孩子的意思，甚至因此教训孩子一番。如此，孩子与父母的沟通桥梁就会堵塞。

以上描述的情形就是造成亲子沟通不良的原因，往往听者误会了说者的意思，却没有察觉到。

为了避免听者在译码的过程中产生误解，则需要运用"反映倾听"来与孩子对话。

孩子：(放声大哭)哥哥抢我的玩具。

妈妈：你一定很生气，讨厌哥哥抢你的玩具。

孩子：对啊！

孩子：我们老师根本是个巫婆！

妈妈：你很讨厌你们老师。

孩子：一点也没错，我恨死她了。

孩子：妈妈，我当选模范生了！

妈妈：你看起来很快乐啊！

孩子：嗯……这是很难得的。

以上的例子，父母能够正确地说出孩子内心的感受，孩子则以"所言不差"来回应母亲，以证实母亲解码成功。

反映倾听过程中，听者必须试着了解对方感受和想法，然后用自己的话表达出来，向对方求证。必须注意的是：听者绝不可加入自己的意思、分析、劝告及任何价值判断。听者就像一面镜子，将孩子的感受和情绪反映出来，帮助孩子看清楚自己、了解自己。

二、 区分责任

倾听不等于听从和代替解决问题。

妈妈：翔翔，起床啦，上学要迟到了……翔翔，为什么你还不起床呢？再不起来，就来不及了。

一大早，妈妈的情绪就被翔翔赖床的坏习惯弄得糟糕透顶。

过了二十分钟，翔翔还在房里大叫：妈妈……我的运动服呢？我的白袜子？还有那条米老鼠的手帕？

妈妈像陀螺似地忙着帮他找出衣服、袜子和手帕。

翔翔：妈……我的作业本哪去了？

妈妈：在这里，对了，你水彩用具有没有准备，昨天的作业本要带。

翔翔：我不知道啦……我忘记水彩笔放哪里了……

一个早上，母子俩像经历了一场世纪大战一般，好不容易把儿子送出门，妈妈才稍稍喘口气，电话铃响了：妈……帮我送历史书，在抽屉里，快点啦……

如果说"亲情之爱"是为人父母一辈子的甜蜜负担。那么，错误地承揽孩子所有的问题和责任，对孩子的成长将会是有百害而无一利。

斯考克·帕克有句名言：总有一天我们要放开孩子，他们是上天赐下的礼物，交给我们照顾，但不是永远。

我们学习以倾听来和孩子建立良好的沟通桥梁。但是，倾听只适用于孩子发生挫折、感伤、沮丧、怀恨及种种负向情绪。而且当问题拥有者是孩子时，倾听的效果才能凸显。如果孩子为父母制造了好多麻烦，给父母带来许多困扰，父母就不能再一味地使用倾听了。因此，为人父母者在遇到问题时，需先冷静地想一想，这是谁的问题。

通常，一个记忆力不好的孩子都有一个记忆力太好的妈妈；一个不爱清洁卫生的孩子常有一个太爱清洁卫生的妈妈。就像上述例子中的翔翔经常忘东忘西的，他妈妈三天两头要送毛笔、作业本到孩子学校去。其实，孩子的这种行为大都是父母的态度造成的。因为，孩子永远不必为自己行为的后果负责任。房间弄乱了，有父母来收拾整理；功课不好了，由父母去操心；害怕困难时，有父母来帮助。长久下来，自然养成孩子一些不良的习惯。

父母有时候似乎管太多闲事了，孩子的问题应该由孩子自己去处理，把问题的所有权分清楚，什么是自己该管的，什么是不该管的。

如何理清问题所有权呢？我认为很多父母在一开始很难意识到"问题的归属"的观念，更别说去选择到底谁该为这个问题负责任了。我们先要知道"有问题者"一词，如"谁有问题""谁遇到困难""谁的目的没达到"。"父母效能训练"的创始人戈登博士说明其原则如下。

第一，当孩子的需要不能获得满足时，孩子有问题。由于孩子的行为没有妨碍到大人，所以不是家长的问题，是孩子的问题。

第二，孩子使自己的需要获得满足，他的行为也不妨碍大人，所以在亲子关系上没问题。

第三，孩子使自己的需要获得满足，但是同时也妨碍到大人时，是大人的问题。

根据上述的三项原则，我们可以更清楚地知道，父母在面对困扰时，可以问一问自己："这问题有没有干扰或妨碍到我的生活？""这问题对孩子和他人是否造成伤害，甚至危害到生命的安全？"如果答案是否定的，那么就不关父母的事，这问题是属于孩子的处理范围。如果孩子与自己的配偶、老师、朋友或兄弟姐妹有了冲突，那么是他们两者间的问题，父母可以让孩子自己去处理，无须插手或干涉，父母只要从旁加以引导和注意。

下面就是问题所有权划分的例子。

小杰最近因为和好朋友闹翻了，所以心情很坏，情绪低落。虽然妈妈倾听小杰的诉苦，同时也表达了对小杰处境的了解和同情，但是问题要如何解决呢？小杰的母亲想自己是否要打电话给小杰的好朋友，问问看他们发生了什么事，也许可以帮助他们解决问题。

由于这问题并没有干扰或妨碍到小杰妈妈的生活，所以很明显的，这是小杰自己要处理的问题，妈妈无须插手，以免剥夺了小杰学习的机会。

通常当父母面对问题所有权区分时，要先考虑孩子这种不良问题行为是否有什么目的，然后再考虑问题所有权该属于谁。如果是孩子的问题，那么就让孩子自己处理，而父母只需从旁加以鼓励和注意，千万不要多管闲事而剥夺了孩子学习的机会。

如果属于孩子本身的问题，父母并非袖手旁观，可以帮助孩子寻求解决的方法，但是寻求解决方法不是给予忠告，也不是帮助子女解决问题。一般而言，忠告是强加于子女身上的警告，因为那将使子女视其为父母控制他们的意图。而且，忠告也会使子女养成依赖父母的习惯。

三、　一个实例

这是笔者在家庭咨询过程中遇到的一例比较典型的亲子沟通冲突案例，案例中母子关系比较紧张。母亲这样跟我说："孩子太叛逆，实在无法沟通，放学回家作业也不写，老师已经有几次打电话到家里，希望家长督促孩子按时完成作业。孩子在课堂上表现还好，不过在家里实在无法管教，我希望通过咨询，能改变写家庭作业的情况，同时改善母子关系。"

下面是母子间的对话。

妈妈：你每天放学回家就马上写作业，写完了再去看电视不好吗？

儿子：回家了我先看看电视休息一会，再写作业难道不行吗？

妈妈：你天天说看一会儿电视，一看就一小时，我得催你好多遍，你才能写作业，还老是写不完，老师已经给我打了好几次电话了！

儿子：你老是唠叨个没完，我写作业你老嫌我不用草稿纸，嫌我不认真，嫌我做题慢，嫌我头离书本太近了，这还让我怎么写作业啊？

妈妈：用草稿纸可以多演算几遍，减少错误率有错吗？头离书本太近，对视力不好，这我说过多少遍了？要不是我老提醒你，你早就近视了，看你那些同学们，不是好多都是近视吗？我有错吗？

儿子：你总是对，你总是有理，我认输，成了吧？

妈妈：你看，你看，你这是什么态度啊！

儿子：你说，你说，我态度怎么了！

……

咨询师：我知道你们都有很多的委屈，这么吵，就是吵三天会有结果吗？

妈妈和儿子都说没有！

咨询师：嗯，那既然没有效果，我们就改变一下，听听对方怎么说，同时不打断对方，好吗？

妈妈和儿子都说好！

咨询师给他们介绍了一种没有输家的沟通方法：当父母和孩子遇到了一个需求冲突的情况，父母请孩子一起寻找某种令双方都能接受的解决方案，这种解决问题的方法既不同于父母的强迫命令也不同于父母的委曲求全。关键是这个过程中，父母的想法得到重视，孩子的自尊得到尊重，孩子参与了整个过程，所以执行起来比较愿意，效果比较好！

经过咨询师的讲解，让他们重新沟通！

妈妈：儿子，如果放学之后你看电视休息，你觉得需要多长时间就够了？

儿子：二十分钟到半小时吧！

妈妈：那放学之后就休息半个小时，然后开始写作业是吧？

儿子：嗯！不过我有个要求，在我写作业时，你不要老是说我，可以吗？

妈妈：用不用草稿纸，按你的想法办，但是头离书本近了，我提醒你一下，可以吗？

儿子：可以，只说一声就行了，好吗？

妈妈：只要你头抬高了，我只说一声！

儿子：好的。

……

一周后咨询师打电话回访，妈妈说孩子比以前听话了！儿子说现在他能感受到妈妈的爱了！一个月后回访，母子相处得更融洽了。

双赢的沟通最关键在于双方是在相互信任的前提下去倾听。说出自己的想法，同时也听听对方怎么说，有分歧的地方去讨论，商量解决等，而不是去相互攻击、指责。

参考文献

1.［美］托马斯·戈登．父母效能训练手册．宋苗，译．天津：天津社会科学院出版社，2009.

2. 叶玉宏. 有效沟通改变孩子的一生. 北京：北京工业大学出版社，2012.

3.［日］汐见稔幸. 不吼不叫教孩子：不发火的育儿法. 渊博，译. 广州：广东旅游出版社，2014.

4.［美］奥黛丽·里克尔，卡洛琳·克劳德. 孩子顶嘴，父母怎么办？张悦，译. 北京：北京联合出版公司，2012.